Bebê a Bordo
Guia para curtir a gravidez a dois

Dr. Flávio Garcia de Oliveira

Bebê a Bordo
Guia para curtir a gravidez a dois

Ilustrações
Luzca Barros

MATRIX

© 2011 - Flávio Garcia de Oliveira

Direitos em língua portuguesa para o Brasil:
Editora Urbana Ltda.
atendimento@matrixeditora.com.br
www.matrixeditora.com.br

Capa:
Daniela Vasques

Ilustrações:
Luzca Barros

Projeto gráfico e diagramação:
Daniela Vasques

Revisão:
Adriana Parra
Rita Rocha

Dados Internacionais de Catalogação na Publicação (CIP)
SINDICATO NACIONAL DOS EDITORES DE LIVROS, RJ.

2.ed.

Oliveira, Flávio Garcia de
 Bebê a bordo : guia para curtir a gravidez a dois / Flávio Garcia de Oliveira. - 2.ed. São Paulo : Matrix, 2011.
 il.

 1. Gravidez. 2. Cuidado pré-natal. I. Título.

11-1336.   CDD: 618.2
                 CDU: 618.2

Agradeço aos meus filhos Maria Fernanda, Lucas Eduardo, Pedro, Manoela e Gabriel, que proporcionam a escola para eu continuar o aprendizado de ser pai. Obrigado por terem entendido a minha ausência enquanto eu estava ajudando os meus outros inúmeros "filhos" a virem ao mundo.

Agradeço também a todos os casais com quem convivi nesses trinta anos de obstetrícia e medicina reprodutiva. Vocês ditaram o conteúdo deste livro. Por isso, ele é dedicado a vocês e a seus filhos.
O que me impulsiona ainda e sempre é poder acolher seus bebês no meu colo durante o parto e dizer: "Calma! Tá tudo bem! Papai e mamãe estão aqui com você!".

O autor

Prefácio

Doutor Flávio tem experiência de sobra para produzir um guia para mães e pais de primeira, segunda ou várias viagens, já que ele mesmo teve cinco filhos – além de sua vasta experiência profissional, é claro, de trinta anos como obstetra. Diferente de outros textos dessa natureza, ele utiliza uma linguagem acessível, que permite aos futuros pais entender perfeitamente o que se passa com seu bebê e com a mamãe a cada semana da gestação.

Essa linguagem não é exclusiva para os livros que escreve. Quem conhece o Dr. Flávio pessoalmente, quem tem o privilégio de ser sua paciente sabe que ele é daqueles médicos com a didática do simples, a mais difícil de ser explicada. Alie-se a isso a proximidade, a atenção e o cuidado extremo com a grávida e teremos aí algumas das boas razões que fazem dele um profissional que se excede em sua atividade. Aliás, Dr. Flávio preocupa-se com o bem-estar dos três seres envolvidos, assim, não é por acaso que inclui dicas e orientações aos papais, falando-lhes a respeito das alterações de humor de sua companheira, por exemplo, e dando a eles dicas para lidar com sua própria ansiedade em relação ao futuro.

Bebê a bordo é um livro para ser lido a dois – os leitores vão descobrir em que estágio de desenvolvimento seu bebê se encontra, identificando-se com as situações descritas, e vão rir juntos de casos como o da paciente que colocava barro em formas para empadinha e as levava ao forno para depois comer os torrões... Enfim, este é um dos raros casos em que um médico consegue aliar o rigor da informação a observações bem-humoradas relativas aos sintomas ou caprichos das futuras mães e às crendices que desde sempre acompanham aquelas que se encontram em estado interessante.

O autor ainda encerra cada semana com citações e provérbios referentes à maternidade, como aquela que diz que "Deus não pode estar em todos os lugares, por isso ele criou as mães".
Leitura obrigatória para casais "grávidos".

Dr. Sérgio Ayres
Pediatra

Apresentação

A gravidez é um acontecimento biológico e psicossocial complexo que pode ser iniciado tanto pelas vias naturais quanto pelas vias artificiais, particularmente após o nascimento do primeiro "bebê de proveta" do mundo, Louise Brown, em 1978.

Como evento biológico, a gravidez é responsável por profundas modificações no corpo da mulher. O aumento do ventre e das mamas e as alterações da postura e do jeito de andar conferem à grávida uma forma e atitude peculiares.

Como evento psicossocial, determina alterações psicológicas e emocionais tanto na gestante quanto no parceiro, nos familiares e nas pessoas que estão envolvidas, direta ou indiretamente, com ela. Portanto, esse caráter social envolve a interação mãe – feto – pai – família – sociedade – meio ambiente; e desses relacionamentos surgem a maternidade e a paternidade, com os momentos de conflito entre a educação e os cuidados que ambos aprenderam em suas famílias de origem e levaram na sua bagagem psíquica para a formação de uma nova família.

Desse modo, quando uma mulher se torna grávida, todo o meio que a cerca torna-se, de certa maneira, também grávido.

Se entendermos que todas as histórias contadas a respeito da gestação fazem parte do nosso inconsciente e saltitam de boca em boca, da avó para a mãe, da mãe para a filha, enfim, de indivíduo para indivíduo, perceberemos a constituição do inconsciente coletivo da gravidez, que permanece adormecido na sociedade, mas que acorda e vem à tona todas as vezes que nos deparamos com uma grávida.

Comentários do tipo "Você está grávida? Cadê a barriguinha?" ou "Nossa! Que barrigão! São dois?" ou então

"Cuidado, hein! Minha prima quase perdeu o bebê justamente na fase em que você está!" nada mais significam que as imagens e as lembranças das histórias anteriores de cada um saltam à boca de uma forma quase automática diante de uma grávida. Na verdade, esses comentários, às vezes oportunos, outras vezes inadequados, sintetizam a necessidade que cada um tem de querer zelar por aquela gestação. São as "orientações" do inconsciente coletivo, ou seja, das pessoas da comunidade que se tornam grávidas quando vislumbram uma gestante. No entanto, a maioria das grávidas sente-se desamparada e muitas vezes assustada com esses comentários. Não sabem discernir entre o que é certo fazer ou não fazer, comer ou não comer, repousar ou fazer ginástica, tomar ou não um remédio, e têm muitas outras dúvidas sobre o seu estado interessante.

A finalidade deste livro é contar um pouco das histórias da gravidez e transmitir as orientações corretas que as mulheres devem seguir, tanto do ponto de vista do médico – cientista e curador –, quanto do ponto de vista da grávida, seu parceiro e o ambiente que os cercam e, por que não, do ponto de vista do bebê, esse novo constituinte da família, que acaba sendo o centro das atenções.

Neste nosso mundo, onde a mulher vem ocupando um espaço de trabalho cada vez maior, muitas vezes adiando a maternidade para uma idade cada vez mais próxima da quarta década da vida, há necessidade de acolhimento e orientação por parte dos profissionais envolvidos nos cuidados pré-natais; esses profissionais, particularmente o obstetra, devem estar motivados a escutar e orientar as gestantes sobre as modificações do seu corpo, o desenvolvimento do bebê, a dieta e a nutrição, a determinação do risco gestacional, a evolução da gravidez, o parto, o pós-parto, o aleitamento materno e os cuidados com o recém-nascido.

Este livro é destinado também às muitas mulheres que se submeteram aos tratamentos de fertilização in vitro (FIV) e conseguiram vencer as barreiras da dificuldade de engravidar. Dedicamos a elas algumas orientações especiais, pois, nesse contexto da esterilidade e da falta de filhos, a gestação tem um valor inestimável. É contagiante e gratificante observar a alegria e a dedicação desses casais aos seus filhos concebidos, já desde o início da gestação.

É nossa opinião que as gestantes oriundas da FIV têm, em geral, idade média mais avançada e são muitas vezes portadoras de algumas doenças relacionadas à própria dificuldade de engravidar, que podem determinar um risco gestacional maior. Por isso, requerem orientação especializada e dirigida.

Nesse grupo específico de grávidas, queremos acolher e orientar aquelas mulheres que, por obra da FIV, foram afortunadas com uma gestação múltipla (gêmeos, trigêmeos, quadrigêmeos etc.), mulheres que se tornam muitas vezes assustadas e angustiadas com o número de filhos gerados, inseguras com relação ao destino de sua vitória sobre a falta de filhos e, ao mesmo tempo, preocupadas com a fórmula para cuidar bem de todos eles, após o nascimento. Estas requerem um cuidado multiplicado pelo número de filhos gerados, principalmente devido ao risco de prematuridade e suas consequências.

Destinamos também este livro ao pai e parceiro, que muitas vezes é visto como separado e alienado da gravidez, contudo, quase sempre preocupado com o filho que está por vir e, algumas vezes, mais grávido que a própria esposa. A ele, dedicamos uma parte exclusiva em cada capítulo, envolvendo orientações sobre como lidar com a grávida, com os familiares mais próximos e com a sua "própria" gravidez.

Por fim, dedicamos e dirigimos este livro a todas as mulheres que, por vontade própria ou não, tornaram-se capazes de albergar o seu bebê, um indivíduo que precisa de atenção desde o momento da concepção e que, a princípio, não sabe como nem por que foi gerado, mas que pode ficar sabendo disso já durante sua vida intraútero, desde que se crie um vínculo de amor materno-fetal.

Introdução

Como se contam as semanas de gestação?

Você pode até achar estranha a matemática utilizada por nós, obstetras, mas calcular as semanas de gestação requer uma conta um pouquinho diferente da tradicional. Mas fique tranquila, que isso não é porque a gente fugiu da escola na hora de somar, subtrair, multiplicar e dividir. Como não dá para saber o dia e a hora exata em que houve o encontro do espermatozoide com o óvulo, exceção feita à gravidez obtida pela fertilização *in vitro*, quando se sabe, inclusive, os segundos em que ocorreu essa junção, utiliza-se um método de contagem diferente, mas que você vai gostar de conhecer e acompanhar. O método de contagem da idade gestacional começa mesmo antes de ter acontecido a concepção (fecundação).

Portanto, para acompanhar as 40 semanas que serão relatadas neste livro, é necessário contar a partir do primeiro dia da sua última menstruação. Aí vai ser o começo da primeira semana*. Nesta primeira semana, logicamente, ainda não há bebê. O tão maravilhoso encontro das células masculina e feminina, que vai gerar uma nova vida, por essas contas, vai se dar no final da segunda semana, quando então o bebê aparecerá e passará por uma série de transformações. Ou seja, sempre que você encontrar, em cada capítulo, o número da semana da gestação, lembre-se de que não estamos contando a partir do momento da concepção, e sim do momento do início da sua última menstruação. Exemplo:

---
* Se você é paciente que engravidou por fertilização *in vitro*, comece a contar duas semanas antes da transferência dos embriões para o útero.

Semana 1 – duas semanas antes da concepção
Semana 2 – uma semana antes da concepção
Semana 3 – cerca de uma semana após a concepção
E assim por diante.

Como vai ser o desenvolvimento do bebê

O desenvolvimento do bebê pode ser dividido em duas fases muito importantes do ponto de vista da intensidade de crescimento e da formação e amadurecimento dos sistemas e órgãos.

O período embrionário, que corresponde às primeiras nove semanas a partir do dia da concepção, é aquele em que todos os órgãos e sistemas se formam (organogênese). Nessa fase o bebê é chamado de embrião. É um período de intensa proliferação de células. Só para termos uma ideia, o bebê, que começou a se desenvolver a partir de duas células, chega ao final da quarta semana com milhões delas.

Essa é também a época de maior vulnerabilidade aos agentes teratogênicos – substâncias químicas ou meios físicos e biológicos causadores de malformações. Nesse período, a gestante deve tomar cuidados para não se expor a raios X, como, por exemplo, no dentista; deve evitar a ingestão de substâncias ou remédios sabidamente provocadores dessas malformações, bem como deve evitar contato com doenças do tipo rubéola, toxoplasmose etc., também causadoras de malformações ao bebê.

O período fetal inicia-se a partir da 10ª semana pós-concepção e vai até o nascimento. Nessa etapa, o bebê será chamado de feto e os órgãos já formados sofrerão um processo de crescimento e amadurecimento até se apresentarem em plenas condições de funcionamento, no final da gestação. De uma maneira geral, o bebê estará pronto para vir ao mundo com 40 semanas. Mas esse período varia entre 37 e 42 semanas.

Ganho de Peso

A quantidade de peso que uma gestante ganha varia de mulher para mulher e de gravidez para gravidez na mesma mulher. Vamos fornecer alguma orientação aqui, mas tenha em mente que os quilos não contam tanto quanto a quantidade e qualidade dos alimentos que a grávida está ingerindo. Se você consome alimentos nutritivos em quantidades adequadas, estará se alimentando bem para você e seu bebê.

Se você ganha mais peso (quilos) que o recomendado porque consome grande quantidade de alimentos saudáveis, há boa chance de seu peso logo voltar ao normal após o parto. Lembre-se: não faça dieta durante a gravidez, a menos que seu médico recomende.

Ganho de peso para grávidas de um só feto

PESO ANTES DE ENGRAVIDAR	GANHO DE PESO ACEITÁVEL ATÉ O FINAL
GRÁVIDAS ABAIXO DO PESO IDEAL*	12 A 18 KG
GRÁVIDAS COM PESO IDEAL	10 A 16 KG
GRÁVIDAS ACIMA DO PESO IDEAL	6 A 10 KG

* O peso ideal será determinado pelo seu médico na sua consulta inicial.

Ganho de peso para grávidas de gêmeos ou mais

PESO ANTES DE ENGRAVIDAR	GANHO DE PESO ACEITÁVEL ATÉ O FINAL
GRÁVIDAS ABAIXO DO PESO IDEAL*	18 A 22 KG
GRÁVIDAS COM PESO IDEAL	14 A 18 KG
GRÁVIDAS ACIMA DO PESO IDEAL	12 A 14 KG

* O peso ideal será determinado pelo seu médico na sua consulta inicial.

De onde vem o aumento de peso durante a gestação? (fetos únicos)

BEBÊ	3.200 G
ÚTERO	950 G
PLACENTA	600 G
MAMAS	900 G
SANGUE E OUTROS FLUIDOS ACUMULADOS	3.600 G
GORDURA	3.150 G

SEMANA 1
(cerca de duas semanas antes da concepção)

A futura mamãe

O bebê ainda não está aí, mas já começamos a contar as semanas de gestação! As regras a seguir podem tanto estar aqui como em qualquer outro período anterior ao da fecundação. Comece a pensar como grávida antes de engravidar. Adquira hábitos saudáveis e abandone os maus hábitos desde já, para que você tenha um bebê sadio. Para as mulheres com ciclos de 28 dias, a ovulação acontece por volta do 14º dia do ciclo. Esse é um bom período para engravidar.

Adote uma dieta rica em frutas e vegetais; pratique exercícios regularmente; incorpore à dieta um suplemento de ácido fólico, principalmente se você era usuária de pílulas anticoncepcionais. O folato (ácido fólico ou folacina) é uma vitamina hidrossolúvel do complexo B. Suas principais fontes dietéticas são os vários tipos de feijão, vegetais de folha, fígado de galinha, fígado de gado, espinafre, brócolis e cereais (vide final do livro). Pare de fumar, tomar bebidas alcoólicas e usar medicações sem prescrição médica. Fique longe de substâncias tóxicas e descanse bastante.

Um conselho ao casal

Estamos imaginando que vocês já venceram todas as crises em relação a ter ou não ter filhos. Aquelas de profissão, dinheiro, inveja dos amigos que já são pais, pressão social e familiar. Já encontraram todas as respostas para as diversas síndromes de indecisão. Então, vamos agir.

PENSAMENTO DA SEMANA
"Se colocamos uma nova vida no mundo, devemos protegê-la, mesmo que para isso tenhamos que mudar o mundo." (Elie Weisel)

SEMANA 2

Nesse momento, está acontecendo o preparo do "berço" do bebê, ou seja, o útero estará sofrendo profundas modificações para receber o futuro embrião em desenvolvimento. O revestimento interno do útero (endométrio) torna-se espessado e ricamente vascularizado, sob a ação dos hormônios produzidos pelos ovários. O óvulo já está quase pronto para abandonar o ovário e seguir pela trompa ao encontro dos espermatozoides – o tão esperado momento da fecundação.

Muito raramente, o ovário pode liberar dois óvulos. Mais raramente ainda, três. Muito mais raramente ainda, quatro. Ou seja, nesses casos, podem estar vindo dois, três ou quatro herdeiros ao mesmo tempo. A gravidez de trigêmeos tem uma chance natural de acontecer de cerca de 1/6.400 gestações; quadrigêmeos naturais são muito mais raros ainda, cerca de 1/512.000 gestações. Há poucos registros de gestações quíntuplas, sêxtuplas e séptuplas que aconteceram de forma natural. No entanto, após o aparecimento dos tratamentos de indução da ovulação e da FIV, esse número já não é tão raro assim. Cerca de dois terços dos trigêmeos nascidos atualmente advêm dessas formas de tratamento para a infertilidade.

O futuro papai

Entre os dias 12 e 16 do ciclo (para mulheres com ciclo regular de 28 dias), você já deve saber o que fazer. É claro que nesse momento esperamos que você realmente saiba como fazer! Também não é nosso objetivo ensinar isso agora. Apesar de essa ser a melhor parte da sua atuação na gravidez, é importante lembrar que ela não termina aqui. Ainda tem muito chão pela frente.

PENSAMENTO DA SEMANA

"A vida é mais fácil do que pensas: basta aceitar o impossível, passar-se do indispensável e aguentar o insuportável." (Kathleen Norris)

SEMANA 3

O bebê

No início dessa semana acontece a concepção. Os espermatozoides encontram-se com o óvulo na trompa e o milagre da vida começa. É um processo que leva cerca de 24 horas. Um espermatozoide pode sobreviver mais de 48 horas no canal genital feminino. Dessa forma, ele tem tempo suficiente para transitar pelos órgãos genitais internos da mulher, movendo-se através do canal vaginal, cérvix, útero e trompas de Falópio. Para fazer esse caminho, eles gastam cerca de 10 horas. Dos 300 milhões de espermatozoides depositados na vagina após a ejaculação (quantidade suficiente para engravidar um número de mulheres igual a duas vezes a população do Brasil – não diga isso a ninguém), apenas cerca de 100 a 300 mil atingem as trompas.

Apesar de vários espermatozoides penetrarem o revestimento externo do óvulo, apenas um irá fertilizá-lo. Essa passagem pelo revestimento do óvulo leva cerca de 20 minutos. No centro do óvulo, os cromossomos da mãe e do pai se aproximam e milhares de informações genéticas se juntam para formar os cromossomos de seu bebê. A fusão dos núcleos do espermatozoide e do óvulo marca a formação do zigoto e o fim da fecundação. Já é possível observar os núcleos masculino e feminino, ao microscópio, 18 horas após a concepção. É nesse momento que o sexo de seu filho é determinado, graças ao cromossomo sexual do esperma do papai (X ou Y).

Portanto, se você não gostar do sexo de seu bebê, você já sabe o endereço do departamento de reclamações: o seu marido – ele é o responsável.

Múltiplos

Se dois óvulos são liberados pelos ovários e são fecundados por dois espermatozoides diferentes, serão gerados gêmeos fraternos (dizigóticos). Os gêmeos fraternos podem ser do mesmo sexo ou de sexos diferentes, e vão ser tão parecidos ou diferentes quanto quaisquer irmãos não gêmeos. Se um óvulo é fecundado e depois se divide em dois, serão gerados os gêmeos idênticos. Os gêmeos idênticos possuem o mesmo conjunto de cromossomos, por isso, terão o mesmo sexo, mesma cor de cabelos e olhos, mesmo tipo de sangue etc. A incidência natural de gêmeos é de cerca de 1/80 gestações. Somente um terço dos gêmeos são idênticos (monozigóticos).

Em caso de trigêmeos, quadrigêmeos etc., qualquer combinação é possível. Três (ou quatro ou mais) óvulos podem ser fertilizados, gerando trigêmeos ou quádruplos fraternos etc. Um óvulo fertilizado pode se dividir em triplos idênticos e assim por diante.

A futura mamãe

Nessa semana, o embrião em desenvolvimento está caminhando pela trompa em direção ao útero. O zigoto começa a se dividir, formando 2, 4, 8, 16 e várias células agrupadas de forma esférica. Durante essas divisões, passaram-se o 2º, 3º, 4º e 5º dias após a concepção. No final dessa semana, ou no início da próxima, vai começar o processo em que o embrião se liga ao revestimento uterino (implantação), e nesse momento ele recebe o nome de blastocisto. Durante a implantação do blastocisto no útero pode haver um pequeno sangramento vaginal. Não se alarme, isso é normal. No entanto, a grande maioria das mulheres não percebe que a implantação está começando.

Foi o que aconteceu com uma de minhas pacientes. O casal estava tentando ter filhos havia oito anos; submetidos à FIV, ela fez a transferência dos três embriões para o útero havia doze dias; entretanto, ligou para o meu consultório já com oito dias pós-transferência:

– Doutor, estou sangrando! Poxa vida, acho que vou perder o bebê...

No entanto, no dia seguinte o "sangramento" havia cessado, apenas persistia um corrimento escuro parecido com "pó de café"; mal sabia ela que estava grávida de gêmeos; mal sabia também que eles viriam ao mundo sãos e salvos, pesando mais de 2.500 g cada um. Não é uma maravilha?

O futuro papai

Aproveite esse início; não fique parado esperando que a sua mulher vá dar à luz daqui a nove meses; continue investindo na concepção, pois sua vida vai mudar um pouco. Sabe-se que biologicamente a mãe tem um investimento na formação do bebê muito maior que o do pai, pois o óvulo é muitas vezes maior que o espermatozoide e contém todo o alimento de que o embrião inicial necessita para continuar a se desenvolver. Além do mais, é ela quem nutre o bebê durante os 9 meses; e, mais ainda, é ela quem amamenta e cuida diretamente dele. Portanto, é obrigação do papai investir na concepção, no sentido de ser pelo menos um bom companheiro. Apesar de ter contribuído com seu pequeno espermatozoide – e, é lógico, sem essas pequenas células não haveria gravidez –, essa contribuição acaba sendo pequena se o pai não se liga à mãe e ao feto que está se desenvolvendo. Portanto, o investimento psicológico e de apoio paterno deve ser estimulado para que possa igualar-se ao investimento materno, no sentido de tornar a gravidez uma parceria. Assim, antes de entrar de cabeça na gravidez, se você ainda não entrou, aproveite para jogar bola, tomar aqueles chopes com os amigos e ler todos os jornais e revistas que conseguir, pois seu sossego já tem data para acabar.

PENSAMENTOS DA SEMANA

"O mais delicado e mais sensível dos instrumentos é a mente de uma criança." (Henry Handel Richardson)

"Um organismo nunca é mais que uma transição, um estágio entre o que foi e o que será. A reprodução constitui simultaneamente a sua origem e o seu fim, a causa e a finalidade." (François Jacob)

SEMANA 4

O bebê

No final dessa semana, as células do zigoto se multiplicam enquanto ele caminha pela trompa, dando origem a uma minúscula estrutura (cerca de 0,2 mm de diâmetro – cinco vezes menor que a cabeça de um alfinete) que consiste em várias células agregadas em torno de uma pequena cavidade cística (bolha de água) denominada blastocisto. Assim que o blastocisto adentra a cavidade uterina, inicia-se a fase de implantação, ou seja, o futuro bebê vai procurar o melhor lugar do revestimento uterino para se instalar. O blastocisto não anda com pá, mas é capaz de cavar o revestimento uterino. O sítio ideal de implantação se situa na parede posterior do corpo uterino, na direção da coluna da mãe. Essas células dividem-se em dois grupos – um para formar a placenta e outro para formar o bebê.

A futura mamãe

No final dessa semana, deveria vir a menstruação, mas, se você engravidou, logicamente ela não aparecerá. Alguns dos primeiros sintomas de gravidez são muito semelhantes aos que você costuma sentir no pré-menstrual: cansaço, sensibilidade mamária e alterações de humor. Quando você tem esses sintomas, fica até desanimada, achando que não foi dessa vez. Portanto, para ter certeza, espere mais alguns dias...

Múltiplos

Gravidez múltipla é mais frequente após tratamento para infertilidade. Os sintomas são semelhantes aos da gravidez única, só que mais intensos.

O futuro papai

Você precisa entender alguns sintomas da futura mãe: ela o está ignorando? Ela está mais agarrada a você que trepadeira? Isso é normal, não se preocupe. É um período de muita emoção para ela.

PENSAMENTOS DA SEMANA
"A gravidez é um momento de refletir sobre o corpo e a alma." (Anônimo)
"Acorde, olhe-se no espelho e diga: hoje é meu dia." (Jacqueline Shor)

SEMANA 5

O bebê

O embrião em desenvolvimento tem três membranas celulares. Na membrana superior (ectoderma), forma-se o tubo neural, que, posteriormente, se transformará no sistema nervoso (cérebro, medula espinhal), pele, pelos e cabelos, lentes dos olhos, revestimento dos ouvidos interno e externo, nariz, seios da face, boca, ânus, esmalte dos dentes, hipófise e glândulas mamárias. Na membrana do meio (mesoderma), o coração e o sistema circulatório, os pulmões, ossos, músculos, tecido linfático, baço, sistema excretor (rins e ureteres) e órgãos reprodutivos vão se formar. Nesse estágio, entretanto, o coração e o sistema circulatório se desenvolvem muito mais rapidamente. Na verdade, o sistema circulatório é o primeiro a funcionar. Na membrana inferior (endoderma), um tubo simples vai se formar, dando origem aos intestinos, fígado, pâncreas e bexiga. No início dessa fase, o embrião tem a forma de um "disco" e mede cerca de 0,4 mm; no final dela, tem a forma de uma "sola de sapato" (a região da cabeça é mais larga e maior que a região da cauda) e mede em torno de 2,5 mm. Vasos sanguíneos secundários aparecem na superfície externa do envoltório embrionário (saco coriônico), que está literalmente imerso no revestimento uterino. É a futura placenta que está se formando.

A futura mamãe

Sua menstruação está atrasada e, provavelmente, você está grávida. Existem vários kits disponíveis para teste de gravidez que dão resultado já com poucos dias de atraso menstrual. Contudo, o ideal é fazer uma dosagem sanguínea do hormônio beta-hCG (gonadotrofina coriônica beta), que é produzido, especificamente, pela placenta em formação. As alterações hormonais que acompanham a gravidez tornam suas mamas inchadas e doloridas, à medida que as glândulas de leite se multiplicam. Você pode começar a sentir mais fome e enjoo pela manhã. Seu útero, em crescimento constante, começa a pressionar a bexiga, aumentando a frequência urinária. Esses sintomas variam em intensidade de mulher para mulher e de gravidez para gravidez numa mesma mulher.

Múltiplos

Seu apetite será maior, já que você necessita de cerca de uma vez e meia a quantidade de calorias de uma mãe que está gerando um só feto. O cansaço é mais frequente. Repouse e se alimente bem. É hora de procurar assistência médica. É importante encontrar alguém em quem você confie e com quem se sinta confortável. Nesse momento, você precisa de acolhimento, orientação e paciência. Suas emoções estarão à flor da pele. É comum algumas pacientes procurarem dois ou três médicos antes de se firmarem com aquele em quem mais confiaram, ou com quem tiveram maior empatia; isso é mais importante do que qualquer outra coisa. É importante também que a grávida tenha acesso a outras pessoas de confiança (familiares, marido, amigos) com quem possa desabafar e chorar as mágoas, principalmente no primeiro trimestre, quando as emoções estão a todo vapor.

O futuro papai

A futura mamãe pode estar mal-humorada ou calada e pode estar "descontando" os problemas em você. Não leve a mal. Isso é um bom sinal. Elas tentam descarregar as mágoas naqueles com quem têm o maior vínculo afetivo. Planeje uma maneira especial para comemorar o teste de gravidez positivo.

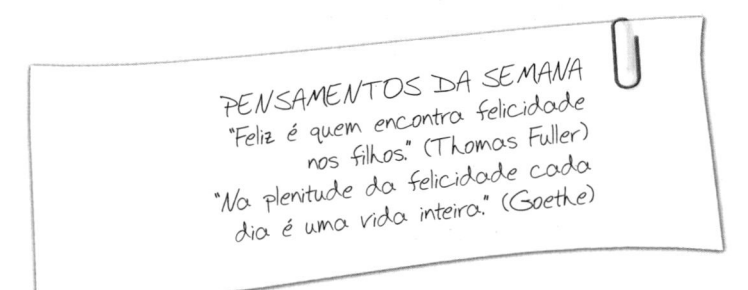

PENSAMENTOS DA SEMANA

"Feliz é quem encontra felicidade nos filhos." (Thomas Fuller)

"Na plenitude da felicidade cada dia é uma vida inteira." (Goethe)

SEMANA 6

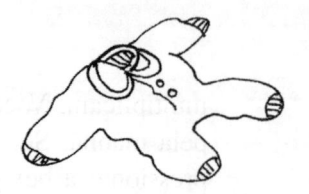

O Bebê

Os primeiros batimentos cardíacos do embrião já começaram. Ele mede cerca de 2,5 mm de comprimento no início dessa semana e tem a forma de um "S". O embrião já apresenta o esboço da cabeça, coração e um tubo neural. O crescimento é muito rápido nessa fase. O cordão umbilical se forma. Os olhos e ouvidos começam a se desenvolver, bem como a boca e a língua. O coração primitivo já começou a bombear sangue e a maioria dos órgãos está em formação. O coração e o fígado, combinados, possuem o mesmo volume da cabeça nesse período. Os brotos dos futuros braços e pernas começam a se formar. No final dessa semana, o embrião adota a forma de um "C", mede cerca de 5,0 mm e pesa em torno de 0,4 g.

A futura mamãe

As náuseas começam a se intensificar. O enjoo matinal é uma companhia para qualquer hora do dia. Você deseja alguns tipos de alimentos, enquanto o simples pensamento a respeito de outros tipos de comida levam-na ao banheiro. Devido ao fato de esse período ser crítico para o desenvolvimento do seu bebê, evite álcool, remédios, drogas e tratamentos estéticos (permanentes, colorir os cabelos etc.). Se você ainda não marcou a sua primeira consulta pré-natal, marque-a.

Múltiplos

Os enjoos matinais podem ser muito fortes em casos de gravidez múltipla. Certifique-se de ingerir bastante líquido, em pequenos bocados, principalmente se você vomita muito. Se vomita mais que oito vezes ao dia, contate seu médico.

Quando e como contar ao mundo a respeito de sua gravidez?

Você deve estar ansiosa por contar a todo mundo que está grávida. Ou você pode querer esperar um pouco e guardar segredo. Alguns pais têm receio sobre aborto e preferem nada dizer até que esse risco tenha passado. No entanto, os amigos e a família podem ser uma inestimável fonte de ajuda caso o bebê não vingue, e você poderá estar perdendo essa oportunidade ao não dividir com eles o seu estado. Faça o que você achar mais cômodo, mas faça disso um evento especial quando resolver falar.

Caso contrário, pode acontecer uma história como esta que eu presenciei.

Ela, uma mãe jovem, no auge dos seus 40 anos; sua filha única, de 22 anos, estava tentando engravidar e não conseguia. Um certo dia, no mês de dezembro, as duas, tão amigas, começaram a se evitar. Um clima estranho se abateu sobre a família, pois mãe e filha, acostumadas a altas fofocas juntas, de repente se isolaram em seus respectivos lares, a ponto de desmarcarem uma viagem que haviam programado. Como as duas eram minhas clientes, fiz o diagnóstico de gravidez nas duas, e então descobri que a mãe havia ficado com medo e vergonha de contar para a filha que estava grávida de temporão, e também tivera um cuidado muito grande ao esconder a gravidez, pois sua filha tinha dificuldade para conceber; já a filha não queria comunicar sua gravidez com medo de abortar e decepcionar a mãe. Na verdade, elas estavam perdendo a oportunidade de compartilhar que a mamãe – futura vovó – estava gerando a tia do seu futuro neto. A tia e o sobrinho nasceram no mesmo dia e ano.

E o risco de aborto?

Toda futura mãe se preocupa com a possibilidade de abortar, que é a incapacidade de levar a gestação além das 20 semanas. É uma ocorrência relativamente comum. Uma em cada seis gestações termina em aborto, 75% das quais antes das 12 semanas de gravidez. O aborto é usualmente inesperado. Acontece, frequentemente, num momento alegre da gestação, o que é um choque para os pais. Algumas pesquisas revelam que 50 a 60% dos abortos que acontecem antes de 12 semanas são de causa genética. Eles representam uma forma natural de prevenir que seu filho venha ao mundo com defeitos.

Sinais de aborto

Se você tiver qualquer dos sinais a seguir, contate imediatamente o seu médico: sangramento; cólicas ou dores abdominais fortes; perda de secreção de cor marrom-escuro ou coágulos de sangue.

Porém, nem toda cólica ou pequeno sangramento é sinal de aborto. Muitas mulheres sangram no início da gravidez e dão à luz bebês saudáveis. Entretanto, esses são sinais e sintomas que devem ser comunicados a seu médico com presteza. Em caso de múltiplos, é possível acontecer o aborto espontâneo de um dos bebês e o outro continuar até o final da gravidez. Isso é denominado redução espontânea. Acontece até a décima semana em cerca de 20% das gestações múltiplas.

O futuro papai

O que você pode fazer para ajudar a futura mãe com as náuseas?

1. Certos aromas podem desencadear os enjoos – café, perfumes, creme de barbear, sabonete, suor etc. Tente mantê-la afastada desses cheiros até que o mal-estar melhore.

2. Encoraje a futura mamãe a fazer uma dieta saudável, rica em proteínas e carboidratos, e a beber bastante líquido, especialmente água.

3. Coloque biscoitos salgados do tipo "crackers" ou "pretzels" no criado-mudo e peça a ela que coma alguns antes de se levantar.

4. Entenda que ela pode não se sentir bem ao cozinhar, lavar pratos e roupas e com outros afazeres domésticos nesse período. Você pode ajudar muito sugerindo que ela descanse enquanto você dá uma mãozinha, fazendo o que não costuma fazer ou arranjando alguém para fazer esses serviços (caso seja possível).

PENSAMENTOS DA SEMANA
"A criança que está dentro do homem é a fonte de sua criatividade e individualidade." (Eric Hoffer)
"Criatividade é como a barba. Você só a terá se deixá-la crescer." (Voltaire)

SEMANA 7

O bebê

O bebê mede cerca de 6 mm de comprimento no início dessa semana (é o tamanho de um grão de arroz). A formação dos braços e pernas continua, embora os dedos das mãos e dos pés ainda não tenham se formado. As regiões da coxa, perna e pés podem ser distinguidas nos brotos dos membros inferiores. O cérebro está crescendo, bem como as lentes dos olhos, narinas, intestinos, pâncreas e brônquios (pulmões). No meio da semana, ele mede cerca de 7 a 8 mm, apresenta batimentos cardíacos, feições humanas (olhos, nariz e orelhas); começa o desenvolvimento de cartilagens e músculos. Há o estabelecimento de conexões nervosas entre a retina e o cérebro. O fígado começa a produzir a bile. O ureter, o tubo que conduz a urina dos rins para a bexiga, continua a se alongar. Começa a formação das gônadas (testículos ou ovários). No final dessa semana, o embrião atinge 12 mm e apresenta o tubérculo genital, que originará os órgãos genitais externos (pênis e bolsa escrotal no homem; clitóris, grandes lábios e parte da vagina, na mulher).

A futura mamãe

Os sintomas de gravidez inicial podem se acalmar um pouco, porém, há tendência à piora das náuseas, pois há aumento constante do beta-hCG (produzido pela futura placenta que também está em crescimento). Esse hormônio é um dos principais responsáveis pelo mal-estar da grávida. Você ainda não aparenta, mas pode ter perdido ou ganhado alguns gramas, o que, nessa fase, é normal.

Múltiplos

Sinais e sintomas precoces de gravidez múltipla:
 1. Ganho de peso mais rápido;
 2. Aumento do abdome acima do esperado;

3. Sensação de peso no baixo abdome;
4. Grande tendência a retenção de água;
5. Varicoses (pequenos vasos sanguíneos mais salientes que aparecem sob a pele, indicando o possível aparecimento de futuras varizes);
6. Cansaço intenso.

Dicas para as náuseas matinais

Ter a sua cabeça enfiada numa pia ou num vaso sanitário a maior parte do dia não é nada engraçado, e você pode descobrir que "matinal" pode significar todo o dia, e não só de manhã. Uma coisa que se deve ter sempre em mente é que nunca se deve deixar o estômago completamente vazio, nem tampouco muito cheio. Gengibre pode ajudar (o verdadeiro), na forma de chá, em pedaços ou em cápsulas. Limão também pode aliviar – limonada ou suco de limão fresco. Algumas pessoas submetem-se à acupuntura, com bons resultados.

Veja algumas sugestões de pacientes. Pode ser que não funcione para você, porque cada grávida é uma grávida.

S. só ficava melhor do mal-estar matinal quando ingeria pão de queijo com Fanta laranja. T. só melhorava quando passava própolis na língua. M. só se sentia bem quando o marido fazia o café da manhã.

Na verdade, cada grávida tem os seus caprichos e fórmulas para atenuar o mal-estar matinal. Pergunte às suas amigas grávidas o que elas fazem. Você vai perceber muitos hábitos estranhos. E, quem sabe, até ouvir histórias tão engraçadas quanto a de uma paciente minha e seu marido. Ele era um advogado bem-sucedido. Ela trabalhava no mercado financeiro, grávida de trigêmeos, naquela fase das náuseas e vômitos a todo instante. Passava o dia com a cabeça enfiada na pia, no vaso sanitário ou em qualquer recipiente que encontrasse. Ligou-me no consultório chorando: – Meu marido está me traindo, doutor! Achei um cartão dele que dizia "Te amo, minha avestruzinha".

Ao esclarecermos o assunto, o marido me disse que aquele cartão era para a própria esposa, pois ela estava a todo momento fazendo "Gruuuuuuhhh! Gruuuuuhhh!" e com a cabeça sempre enfiada em algum buraco.

Em resumo: não fique preocupada, pois há várias formas de controlar os vômitos da gravidez.

O futuro papai

Você tem um gato em casa? Cuidado. As fezes desse animal podem conter um parasita que causa a toxoplasmose – uma infecção que pode atravessar a placenta e provocar danos ao bebê. Você deve limpar muito bem a casinha do bichano.

Outra forma de ajudar a gestante é evitar que ela coma carne malpassada ou crua. Lembre-se: quando for comer aquela picanhinha sangrando, não o faça na frente dela – é muita provocação. Comer carne malpassada na frente de quem gosta e não pode comer é no mínimo uma provocação.

PENSAMENTOS DA SEMANA

Quando o mal-estar matinal aperta, lembre-se disto: "Se desejas o arco-íris, deves suportar a chuva". (Dolly Parton)

"Quem nunca provou o que é amargo não sabe o que é doce." (provérbio alemão)

SEMANA 8

O bebê

O embrião tem cerca de 12 a 13 mm de comprimento no início dessa semana. A face continua a mudar, aparecem as orelhas, os olhos e a ponta do nariz. Os futuros dentes se desenvolvem sob as gengivas. O coração separa-se em quatro câmaras. Os batimentos cardíacos no ultrassom são muito rápidos, parecem até uma bateria de escola de samba: cerca de 170 batidas por minuto. O diafragma, músculo que separa o tórax do abdome, começa seu desenvolvimento. Os intestinos começam a se formar dentro do cordão umbilical. Os rins começam a produzir urina pela primeira vez. Essa é uma fase inicial, e a quantidade de urina produzida é ínfima. Por volta da vigésima semana de gestação, o "xixi" corresponde a cerca de dois terços do líquido amniótico. Mais adiante, o bebê estará literalmente imerso em xixi. Mas papai e mamãe não precisam se preocupar: a urina do bebê não é igual à nossa, pois boa parte da excreção de substâncias resultantes da desintoxicação do corpo do bebê é feita pela placenta. Os cotovelos já se formam nos braços, e os dedos das mãos iniciam seu desenvolvimento. Os brotos das pernas já mostram os pés e os delicados nós para a formação dos dedos dos pés. Começa a ossificação do esqueleto. No final dessa semana, o bebê mede cerca de 15 mm e pesa em torno de 0,7 g.

A futura mamãe

Seu útero tem o tamanho de uma laranja, e você pode estar sentindo sua cintura se expandir. Se esta é a sua primeira gestação, a barriga ainda não aparece. Caso contrário, já pode estar percebendo uma pequena protuberância. A barriga aparece cada vez mais cedo nas gestações posteriores devido à distensão dos músculos e ligamentos abdominais (é claro que isso vai depender do quanto você pratica atividades físicas). Você pode se sentir como uma adolescente: com acne e problemas de pele. Não se aborreça – a gravidez causa um aumento da oleosidade da pele, devido à produção dos hormônios placentários. Essas alterações desaparecem logo após o primeiro trimestre ou mesmo após o parto, quando os níveis hormonais abaixam.

Múltiplos

Seus bebês se desenvolvem na mesma velocidade dos fetos únicos, e cada um tem o tamanho de um grão-de-bico. Suas mamas estão provavelmente muito sensíveis e inchadas, e sua barriga está começando a aumentar, especialmente se você já esteve grávida antes. Na gestação múltipla, a barriga aparece mais cedo e aumenta numa velocidade muito maior. Você está de um mês e meio, mas pode parecer que já completou os três meses, só para ter uma ideia do quanto representa esse crescimento uterino.

O futuro papai

Faça um esforço para ir à primeira consulta pré-natal. Torne-se um pai envolvido com a gravidez. Faça aquela pergunta – "Será que eu também estou grávido?". Veja alguns sinais da Síndrome de Gravidez Paterna e faça você mesmo o diagnóstico:

1. "Tive vontade de ir ao obstetra junto com ela".
2. "Estou começando a cultivar uma barriguinha – na base dos docinhos que tenho comido, é claro!".
3. "Fico querendo saber a todo instante de quantos meses ela está".
4. "De repente, fiquei mais carinhoso com ela".
5. "Fui ao shopping e comprei um sapatinho de lã para o bebê".
6. "Tenho estado tenso e com um pouco de enjoo".
7. "Estou louco para dizer ao mundo inteiro que vou ser papai".
8. "Oba! Eu tenho um obstetra na minha vida!".

É isso aí. Você está realmente grávido. Faça perguntas ao médico dela e divida essa aventura, pois, querendo ou não, você também está grávido. Leve a futura mamãe para almoçar, tomar um lanche ou jantar fora após a consulta e discuta com ela alguns pontos sobre a sua gravidez.

PENSAMENTO DA SEMANA
"Nós não vemos as coisas do jeito como elas são, e sim do jeito que nós somos." (Anaïs Nin)

35

SEMANA 9

O bebê

No início dessa semana, o bebê mede cerca de 15 a 16 mm. As primeiras ondas cerebrais são detectadas. A estrutura básica dos olhos já está bem adiantada, porém eles ainda estão situados um de cada lado da cabeça do embrião. As aberturas nasais e a ponta do nariz estão completamente formadas. Os intestinos começam a sair do cordão umbilical e penetram no interior do abdome, enquanto o corpo cresce. Os dedos das mãos, incluindo o polegar, já apareceram, mas ainda são curtos e colados. Os ossos e cartilagens continuam a se desenvolver. No final dessa semana, o embrião mede cerca de 20 mm e pesa cerca de 1,0 g. O coração está completamente formado; o diafragma separa o tórax do abdome. Algumas glândulas já começam a funcionar (hipófise, adrenais). A placenta substitui o corpo lúteo na produção de progesterona.

Múltiplos

Cada bebê mede cerca de 1,5 cm de comprimento e pesa em torno de 1,0 g (o peso de duas aspirinas). O desenvolvimento está no mesmo estágio do dos fetos únicos.

A futura mamãe

Já falhou a segunda menstruação. Suas mamas já aumentaram e ainda continuam sensíveis. Use um sutiã que dê suporte às suas mamas sem apertá-las e você vai sentir mais alívio. Sua cintura pode estar aumentando e você ainda pode apresentar um pouco de azia e empachamento após as refeições. Seu corpo está se adaptando aos hormônios da gravidez (estrógeno e progesterona – que tiveram seus níveis sanguíneos aumentados em cerca de dez vezes em comparação aos níveis de antes da gravidez).

O futuro papai

Vamos falar um pouco da atividade sexual. Muitas mulheres têm uma alteração do desejo sexual durante o primeiro trimestre. Isso é devido, em parte, ao mal-estar matinal. Outras, por sua vez, longe do controle de natalidade, tornam-se verdadeiras maníacas sexuais. Em ambos os casos, o que está acontecendo é normal.

E você? Os pais também podem experimentar uma alteração de desejo. Com o aumento do volume mamário (as mães não mostram muito isso), você pode se sentir como um garoto de 16 anos, atraído por aqueles seios "bojudos". Mas, ao mesmo tempo, pode estar preocupado em machucar o bebê durante a relação ou fazer alguma coisa que possa prejudicar a gestação. Fale com o médico para aliviar seus medos. A mãe pode não estar naquele seu "pique" – ou pelo contrário. Novamente, é preciso entender que os hormônios também provocam uma certa labilidade emocional. Ora ela está eufórica e bem, ora está deprimida e chorosa. Se os dois estão bem-humorados, aproveitem. Caso contrário, tentem entender e, juntos, conversem a respeito dos seus estados de espírito. Fale com ela a respeito de suas preocupações.

PENSAMENTO DA SEMANA
"As flores mais doces do mundo – as mãos de um bebê" (Swinburne)

SEMANA 10

O bebê

No início dessa semana, o bebê mede cerca de 22 mm. Ele começa a se movimentar dentro do útero, embora a mãe não perceba. Os olhos estão bem desenvolvidos, porém ainda situados um de cada lado da cabeça do embrião. Com o crescimento desta, eles irão migrar para a porção frontal da face. As orelhas estão implantadas em posição baixa na cabeça, contudo, vão mover-se para cima à medida que ela crescer. Nos próximos três dias, a língua termina sua formação. O fígado causa uma proeminência ventral no abdome. Em embriões femininos, o clitóris está começando a se formar. O pênis se desenvolverá a partir dos mesmos tecidos, apesar de ainda ser difícil reconhecer os genitais externos. A maioria das articulações já se formou – cotovelos, quadris, joelhos, ombros, tornozelos, bem como as pequenas juntas dos pés, mãos e dedos. Os membros superior e inferior estão bem desenvolvidos. Os dedos das mãos se tornam mais longos, e os dos pés se separam e tornam-se distintos. Uma fina membrana de células achatadas, a precursora da pele, substitui o fino ectoderma (espécie de revestimento inicial muito fino que vai se transformar em pele) do embrião. No final dessa semana, o embrião mede cerca 26 a 30 mm e pesa cerca de 2,0 g. Nesse último estágio de desenvolvimento embrionário, todas as estruturas externas e internas essenciais estão presentes. Os principais sistemas estão integrados e formados. Ao término dessa fase, o peso do embrião aumentou cerca de 50 vezes.

A futura mamãe

O mal-estar matinal começa a diminuir para algumas mães. Para outras, pode até piorar. Há quem diga que quando o bebê é do sexo feminino há chance de se ter mais vômitos que o normal. Isso pode ser verdade, em parte, pois os níveis de beta-hCG são mais elevados nesses casos. Nessa semana, você poderá queixar-se de mau humor e a face pode ficar mais ruborizada devido ao aumento do nível dos hormônios (progesterona). Palpitações podem acontecer, mas são transitórias. Seu volume de sangue aumentará cerca de 40 a 50% durante a gestação. Com mais sangue circulando, você vai notar com mais facilidade as veias, especialmente em sua barriga, mamas e pernas.

O futuro papai

É possível que nesse momento a mamãe esteja cantando uma música popular brasileira *(Eu sei que vou te amar...* – Tom Jobim e Vinicius), e é provável que você também esteja cantarolando em torno dela, querendo ser um Pavarotti. Em um minuto, você pode querer gritar com todos os seus pulmões que vai ser pai. Noutro minuto, você pode querer esquecer isso por estar assustado com a ideia da paternidade. Esse é um outro sinal da sua gravidez. Pois torne-se um pai grávido, e não fique pondo resistências. De modo geral, o medo está relacionado com a expectativa de maiores responsabilidades financeiras e falta de maturidade para se relacionar com um filho. Relaxe! Isso é normal! Afinal de contas, gravidez não é nenhuma doença. Compartilhe esses pensamentos – a excitação e o medo – com sua mulher. Ela, provavelmente, está sentindo a mesma coisa.

PENSAMENTO DA SEMANA
"Respeitemos as mulheres deste mundo; todos nós temos mãe" (Allen Toussaint)

SEMANA 11

O bebê

A partir de agora o bebê é chamado de feto. A parte mais crítica do desenvolvimento já terminou. Esse é um período de rápido crescimento e desenvolvimento; o bebê tem cerca de 26 mm de comprimento no início da semana, atingindo cerca de 50 mm no final dela, com peso em torno de 10 g.

A cabeça do bebê representa metade de seu tamanho. As pálpebras se fecham e se fundem, e as íris começam a se desenvolver. Em algum momento dessa semana ou da próxima, o sangue começará a circular entre o bebê e o útero. A placenta começa a funcionar como tal.

A futura mamãe

Seu útero está do tamanho de um papaia. Seu apetite deve estar melhor e as náuseas cedem, embora alguns odores ainda possam incomodá-la.

Múltiplos

O mal-estar matinal ainda está presente, alternado com um apetite voraz.

Exames pré-natais

Você já deve ter conversado com seu médico a respeito dos exames pré-natais e já deve ter feito todos eles. Aprenda o máximo que você puder sobre cada um – muitos deles podem dissipar os medos sobre a sua saúde e o bem-estar do bebê; outros podem causar mais preocupação do que ter algum valor. Lembre-se de que você não tem de fazer qualquer teste que não queira.

Uma vez, uma de minhas pacientes, com 30 anos de idade e grávida de três meses, começou a me falar sobre uma amiga de 38 anos que havia se submetido à amniocentese genética. Amniocentese é o exame do líquido amniótico (o líquido contido na bolsa das águas e que envolve o bebê), que é colhido através da introdução de uma agulha fina colocada no interior do útero. Em geral, esse exame é guiado pelo ultrassom, para que a agulha seja colocada em posição correta, sem machucar o bebê. Só é realizado quando há alto risco para desenvolvimento de anomalias fetais, como nos casos de mães acima dos 40 anos ou com história passada de malformações ou doenças genéticas com grandes chances de repetição. Feitas as devidas explicações médicas, vamos voltar à história. Na realidade, a amiga despertou-lhe um pouco de medo a respeito de poder ser portadora de um bebê com alguma síndrome do tipo Down. Essa paciente ficou muito ansiosa sobre o assunto e pediu para fazer o exame, pois tanto a amiga quanto a médica desta orientaram-na para que o fizesse, para ter certeza de que o bebê não sofreria desses males cromossômicos. Na verdade, ela não precisava disso, pois esse exame está mais indicado para pacientes acima dos 35 anos. Mesmo nesses casos – mulheres acima de 35 anos –, apenas 10% das pacientes se submetem ao teste. Hoje em dia, há várias formas de suspeitar sobre alguma anormalidade do bebê sem que seja necessário fazer a amniocentese sem uma indicação mais precisa.

Quem deve fazer a amniocentese?

A amniocentese não é oferecida de rotina para todas as grávidas, pois é um exame que oferece um pequeno risco de aborto. É indicado quando há risco aumentado de defeitos cromossômicos e genéticos ou de algumas malformações. Hoje em dia, com os avanços da biologia molecular e através de técnicas denominadas FISH (hibridização *in situ* do DNA) e PCR (reação de polimerase em cadeia), já é possível dar diagnóstico de anomalias cromossômicas numéricas, e mesmo de doenças genéticas mais complicadas, em questão de dias.

Há maneiras de reduzir o risco de defeitos congênitos?

Existem algumas medidas básicas que toda mulher pode tomar para reduzir os riscos gestacionais e gerar um filho saudável:

- Planejar a gravidez depois de consultar o médico.
- Ingerir no mínimo 400 microgramas de ácido fólico (a quantidade encontrada na maioria dos polivitamínicos) diariamente antes de engravidar, ou mesmo durante o primeiro trimestre, para ajudar a prevenir defeitos abertos do tubo neural.
- Conseguir o mais breve possível acompanhamento pré-natal.
- Alimentação saudável e nutritiva.
- Peso adequado (não muito gorda nem muito magra) antes de engravidar.
- Não fumar durante a gravidez.
- Não ingerir bebidas alcoólicas durante a gravidez.
- Não usar drogas ou medicações sem prescrição médica.

O futuro papai

Gravidez não combina com perda de romantismo. Que tal umas flores de vez em quando?

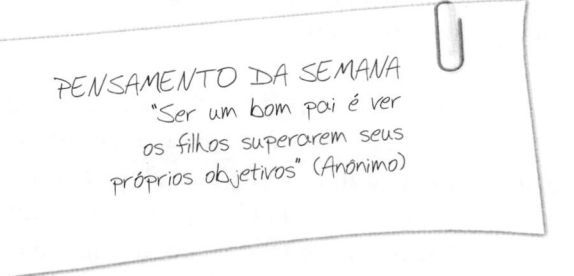

PENSAMENTO DA SEMANA
"Ser um bom pai é ver os filhos superarem seus próprios objetivos" (Anônimo)

SEMANA 12

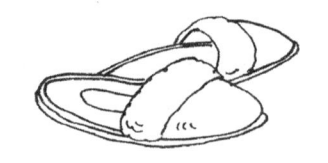

O bebê

Nessa fase, quase todos os órgãos e estruturas do feto estão formados. Eles continuarão a se desenvolver até o parto. Os dedos das mãos e dos pés já se separaram e os pelos e unhas iniciam o seu crescimento. Os genitais começam a assumir seu aspecto final feminino ou masculino. O líquido amniótico começa a se acumular à medida que os rins do bebê começam a excretar urina. Os músculos das paredes intestinais começam a se movimentar – é o peristaltismo intestinal, contrações do intestino que ajudam na futura digestão e movimentação dos alimentos. Na verdade, o intestino já é capaz de absorver glicose e alguns outros micronutrientes; digestão completa ele não faz. Ainda bem! Imagine você oferecendo uma suculenta feijoada para um bebê de 20 gramas... O bebê mede cerca de 9 a 11 cm (da cabeça aos pés).

A futura mamãe

Seu útero continua crescendo. A boa nova é que ele vai parar um pouco de pressionar sua bexiga e as visitas ao banheiro vão diminuir um pouco. Aproveite enquanto pode, pois no terceiro trimestre o útero estará tão grande a ponto de voltar a pressionar a bexiga.

O mal-estar matinal já está sob controle e você já se sente menos cansada. Dores de cabeça e tonturas leves, bem como palpitações, são comuns nessa fase, graças ao aumento de volume sanguíneo, mas esteja certa de discutir esses problemas com seu médico.

O futuro papai

A mamãe certamente está se sentindo melhor. Agora é um bom período para praticar exercícios juntos, você e ela. Saiam para uma boa caminhada na vizinhança e assegurem-se de ir de mãos dadas.

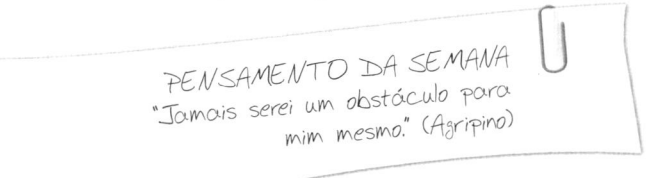

PENSAMENTO DA SEMANA

"Jamais serei um obstáculo para mim mesmo." (Agripino)

SEMANA 13

O bebê

Enquanto o bebê continua a crescer, começam a se formar as cordas vocais. A face parece cada dia mais e mais humana. Os olhos terminam de se mover para ficarem juntos na frente da face, assumindo sua posição normal e definitiva. É possível agora determinar o sexo do bebê, olhando para os genitais externos, se estivermos olhando bem de perto. Se fosse possível estar dentro da barriga, a gente veria o sexo, certo? E é possível estar dentro da bolsa das águas, através de um aparelho especial acoplado a uma fonte de luz – semelhante ao endoscópio, para ver o estômago – denominado fetoscópio. Com esse aparelho, você pode fazer uma fetoscopia e visualizar toda a parte externa do bebê. Mas esse é um exame invasivo e sujeito a alto risco de rotura da bolsa das águas, consequentemente, com alto risco de aborto. Por isso, ele é realizado em condições muito específicas, de doenças fetais que necessitam de um diagnóstico preciso de alterações da pele e de pequenas partes fetais que não seriam visualizadas pelo ultrassom. O sexo pode ser determinado com quase certeza em torno da 16ª semana através do ultrassom. Os intestinos já estão completamente no interior do corpo do bebê, o fígado continua a secretar a bile, agora em maior quantidade, e o pâncreas começa a produzir insulina. O bebê mede cerca de 13 a 14 cm (dos pés à cabeça) e pesa cerca de 30 gramas.

Múltiplos

Você está quase completando o 3º mês, contudo, sua barriga aparenta 5 meses.

Cada bebê possui cerca de 90 mm de comprimento da cabeça até as nádegas.

A futura mamãe

A maioria dos sintomas ruins do início da gravidez começa a sumir e sua barriga ainda não aparece. Se você ainda se sente cansada, "escute" seu corpo e descanse. Ele está trabalhando pesado nesse momento. À medida que seu útero se estica, você pode sentir o abdome dolorido. Os ligamentos que sustentam seu útero esticam-se para acomodar o crescimento desse órgão. Essa é a chamada dor do ligamento redondo. Muitas vezes, é interpretada como uma fisgada perto da região da virilha.

O futuro papai

Os próximos meses são mais fáceis de levar. Ela já está se sentindo bem, os hormônios já se acomodaram em termos de produção. Prepare-se para comemorar o fim do primeiro trimestre.

PENSAMENTOS DA SEMANA
"Deus não pode estar em todos os lugares, por isso ele criou as mães" (provérbio judaico)
"Lembre-se: durante a gravidez, você nunca está sozinha; há sempre o seu filho e o companheiro" (Anônimo)

SEMANA 14

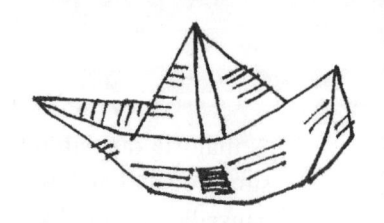

O bebê

O feto mede entre 14 e 15 cm de comprimento e pesa em torno de 40 a 60 gramas. Começa a fazer movimentos respiratórios – inspiração e expiração. Os olhos e ouvidos continuam a se desenvolver e a assumir sua posição definitiva. O pescoço está se alongando e o queixo ainda repousa sobre o tórax. As mãos estão se tornando funcionais e o bebê começa a aprender a movê-las (mais como um reflexo do que por vontade). Nesse ponto, nosso pequeno ser recebe todo o seu alimento da placenta. Você já consegue ouvir o coração do bebê através de um aparelho chamado Sonar, que a maioria dos obstetras possui no consultório. O princípio de funcionamento é o mesmo dos sonares de navios para detectar objetos em movimento no fundo do mar (é o chamado efeito Doppler). Assim, somos capazes de detectar o movimento do coração através da emissão de um tipo de ultrassom pelo aparelho. O som emitido bate no coração em movimento e volta (eco). Esse eco é captado pelo mesmo aparelho que o emitiu e é transformado em som audível. Não se assuste se não conseguir ouvir; um exame de ultrassonografia pode confirmar a presença dos batimentos cardíacos do bebê.

A futura mamãe

Dê adeus ao primeiro trimestre. Os hormônios estão baixando um pouco seus níveis e você agora tem menos náuseas, menor frequência urinária e menos cansaço. Que alívio! No entanto, você pode sentir o intestino mais preso, já que os hormônios relaxaram os músculos intestinais, levando-os a trabalhar com mais lentidão. Ao mesmo tempo, seu útero está também pressionando a parte final do intestino. Assegure-se de aumentar a ingestão de fibras se esse problema permanecer. Você pode notar que as veias do tórax e das mamas estão mais dilatadas e visíveis. As aréolas das mamas tornam-se mais escuras e aumentam de diâmetro. Seus seios começam a se preparar para a amamentação desde o primeiro dia de gravidez.

O futuro papai

Como vai, papai? Muito estressado e preocupado com as finanças, fazendo horas extras e se aborrecendo com as despesas? Respire fundo e tente avaliar sua real situação. Veja se suas preocupações não estão fora da proporção das necessidades de sua família. Muitas vezes, para os homens, as finanças da família tornam-se o foco principal de atuação enquanto pais, quando, na verdade, estão escondendo suas reais preocupações – medo da gravidez e da paternidade. Pense a respeito de seus reais sentimentos.

> **PENSAMENTO DA SEMANA**
> "Cada criança é uma aventura numa vida melhor, uma oportunidade para mudar os padrões antigos e torná-los novos." (Hubert H. Humphrey)

SEMANA 15

O bebê

Se você fizer um exame de ultrassom agora, vai notar seu bebê sugando o polegar. Os ossos estão ficando mais duros a cada dia. A pele é muito fina e transparente; você poderia ver vasos sanguíneos através dela. O lanugo, um tipo de pelo muito fino, cobre o corpo e vai continuar crescendo até a 26ª semana de gestação. Nessa fase o bebê mede cerca de 15 cm e pesa em torno de 90 a 120 gramas.

A futura mamãe

Dê as boas-vindas ao segundo trimestre da gravidez. Essa é uma fase mais tranquila em termos de sintomas. Seu útero começa a ultrapassar os limites da bacia. Você pode senti-lo 8 cm abaixo do umbigo.

Durante as consultas pré-natais, seu médico começará a medir a "altura do fundo uterino" para assegurar-se de que o bebê está crescendo de modo adequado. A altura uterina é a medida da distância do fundo uterino ao osso púbico.

Menino ou menina?

Durante o exame de ultrassom, o sexo do bebê pode ser determinado (tenha em mente que a determinação do sexo pelo ultrassom não é 100% confiável). Se você vai fazer amniocentese, o sexo pode ser determinado pela análise dos cromossomos. Nenhum desses exames deve ser realizado só com o intuito de determinar o sexo do bebê. Se o seu médico recomendar esses exames por determinadas razões, pergunte a si mesma se você realmente quer saber se vem aí um menino ou uma menina.

A maioria dos casais, hoje em dia, deseja saber o sexo do futuro bebê, mas, se você gosta de uma surpresa especial, é perfeitamente possível pedir ao médico que faz o ultrassom que não o diga.

Você também pode apelar para a sabedoria popular. Afinal, quantas histórias você já ouviu sobre como adivinhar o sexo do bebê? Quantas delas você já testou? Algumas delas deram certo? Veja o que é comum ouvir por aí na hora de saber se vai ser menino ou menina. De científico não tem nada. Mas de humorístico tem muito.

– Puxe a pele sob seu olho esquerdo, em frente a um espelho, e olhe a parte branca do globo ocular. Se você vir uma veia em forma de V ou em forma de ramo, vai ser menina. (Nesse caso, você não pode estar com conjuntivite, senão, vai sempre ser menina.)

– A mamãe tem de pegar uma chave. Se ela segurar a chave pela parte redonda, vai ser menino. Se pegar pela ponta, vai ser menina. Se pegá-la pelo meio, vão ser gêmeos. Acusaremos falha do teste se ela não pegar a chave.

– "Meu marido ouviu que se a mama esquerda da futura mamãe é maior que a direita, durante a gestação, ela vai ter menina; se a direita for maior, ela vai ter menino. Se forem do mesmo tamanho pode ser qualquer um dos dois. Com base nesse método, eu deveria ter tido um menino e uma menina. Mas, na realidade, eu tive dois meninos. Assim, esse método foi 50% correto. O duro mesmo foi ficar medindo minhas mamas na gestação".

– O sexo dos bebês subsequentes pode ser determinado pelas primeiras palavras do primogênito. Se ele ou ela disse "mama", o bebê subsequente será menina, mas se ele ou ela disse "papa", vai ser menino. Esse teste já funcionou com várias pessoas, mas comigo aconteceu justo o contrário...

– Parece que comer alimentos salgados, começando antes de engravidar, origina filhos do sexo masculino (não faça isso se você não pode comer sal). O contrário acontece se você comer só coisas doces. Minha prima comeu só doces na gravidez, engordou 40 quilos e teve um menino. Pois é, falhou.

Nota: não se deve misturar sal com doce. Já pensou no que pode dar?

– Para aquelas que só tiveram menina até agora, podemos recomendar o seguinte: coloque uma colher de madeira e duas tesouras embaixo da cama (ninguém pode mexer) e um laço cor-de-rosa embaixo do travesseiro (ninguém deve tirar) e boa sorte! De 1.000 pacientes que tentaram isso até o momento, 500 conseguiram o seu intento.

– Se você gosta da casca do pão, vai ter um menino. Ao contrário, se gosta do miolo, vai ter menina. Esse teste não vale para pão sírio.

– Se suas mãos estão ressecadas e rachadas, vai ser menino; se elas estão lisas, vai ser menina. Não vale usar creme hidratante para mudar o sexo do bebê.

– Se sua barriga está baixa e pontuda, vai ser menino; caso contrário, vai ser menina. A chance de acerto desse teste está em torno de 50%.

– Se você colocar sua aliança de casamento num cordão

e levantá-lo à sua frente, veja como são os movimentos pendulares da aliança: se ela balança para a frente e para trás, vai ser menino; se balança para os lados ou fazendo círculos, vai ser menina. Eu já escutei o contrário, no entanto...

O futuro papai

Seja carinhoso com a mamãe. Pesquisas revelam que quanto mais carinho a mãe recebe mais carinho ela dá ao bebê (e a você também).

PENSAMENTO DA SEMANA
"Um bebê chutando o ventre materno acorda subitamente a mãe que ainda não sentiu a vida no seu próprio interior" (Anônimo)

SEMANA 16

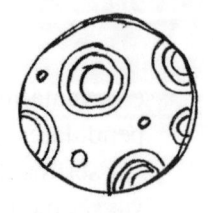

O bebê

Se você nunca sentiu os movimentos do bebê, é possível que já possa percebê-los, pois seus ossos estão cada vez mais enrijecidos. Agora, as pernas são maiores que os braços e ele move os membros com muita frequência. Há ainda muito espaço para se mover dentro do útero. As unhas dos dedos também estão crescendo. Há o aparecimento do couro cabeludo. Os genitais externos podem ser visualizados pelo exame de ultrassom. Há mielinização dos nervos (aparecimento de uma espécie de envoltório gorduroso nos nervos, que os torna mais preparados para a condução dos impulsos nervosos) e o músculo cardíaco está bem desenvolvido. Vagina, pênis e ânus já têm seu formato definitivo. Os rins apresentam aspecto lobulado. Já é possível perceber mecônio nos intestinos (as fezes do bebê); logicamente, essas fezes não são iguais às nossas, são o resultado de descamação celular no trajeto intestinal, e não possuem bactérias. Por isso, não há gases no intestino do bebê, já que eles são produzidos por bactérias, que estão ausentes durante a vida intrauterina. Assim, se você ouvir barulho de gases dentro da sua barriga, pode ter certeza de que do bebê é que não é.

Múltiplos

Cada feto mede cerca de 16 cm e pesa em torno de 140 a 160 gramas. Essas são medidas muito semelhantes às dos fetos únicos. Na verdade, até a 28ª semana de gestação, os gêmeos crescem como se fossem únicos. A partir de então, eles adquirem um ritmo de crescimento menor. É por isso que, de modo geral, os gêmeos têm um peso mais baixo de nascimento que o dos fetos únicos da mesma idade gestacional.

A futura mamãe

Você está apresentando congestão ou sangramento nasal? Como dito anteriormente, seu volume sanguíneo está aumentando. Isso afeta os níveis estrogênicos, que, por sua vez, provocam inchaço da mucosa nasal. Esse volume sanguíneo aumentado faz com que seu coração bata mais forte e mais rápido para manter a oxigenação fetal. Isso não é um problema de coração. Seus ligamentos continuam a relaxar e você pode sentir uma certa dor no baixo ventre. Se está planejando fazer amniocentese, por indicação médica, ela deve ser marcada entre a 16ª e 18ª semanas.

Múltiplos
A sensibilidade mamária e as náuseas já estão cedendo. Sua cintura definitivamente passou a ser coisa do passado e seus pés podem estar um pouco inchados ao final do dia.

O futuro papai
Todo pai gosta de pensar no futuro da criança, e esta é uma boa hora para preparar uma poupança para o bebê. Falando em futuro, um cliente meu, durante a gravidez da esposa, foi visitar uma vidente. Durante a sessão, ela previu que uma pessoa da família iria falecer naquela época – podia ser qualquer pessoa, pois não estava muito claro quem seria. Ele ficou apavorado. Não havia ninguém doente. Alertou toda a família, fez testamento, seguro de vida etc. Momentos após o parto, eles receberam a notícia de que a Mimi, sua cachorrinha de estimação, que estava com a família havia sete anos, morrera atropelada em frente a sua casa. Ufa! Será que a vidente não poderia pelo menos ter visto que essa pessoa da família latia?

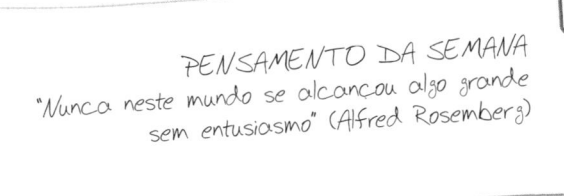

PENSAMENTO DA SEMANA
"Nunca neste mundo se alcançou algo grande sem entusiasmo" (Alfred Rosemberg)

SEMANA 17

O bebê

Esse é um período de rápido crescimento, quando começa a deposição de gordura sob a pele do bebê. O feto e a placenta possuem o mesmo tamanho agora. O minúsculo coração está bombeando cerca de 21 litros de sangue por dia! Os reflexos estão ativos e o bebê já é capaz de sugar, deglutir e piscar; mede cerca de 17 cm de comprimento e pesa cerca de 200 gramas.

A futura mamãe

Seu útero está cerca de 4 cm abaixo do umbigo. Com o crescimento mais acentuado do bebê, você também entra numa fase de maior ganho de gordurinhas.

A sua média de ganho de peso até agora foi de cerca de 2,5 a 5 quilos. Você já sentiu alguma agitação dentro do seu útero? Você agora pode estar sentindo o bebê se mexer, apesar de ser mais comum sentir seus movimentos lá pela 22ª semana, principalmente se você é mamãe pela primeira vez.

O futuro papai

Você ainda não é capaz de perceber os movimentos do bebê a que a mãe se refere. Ela pode ficar ansiosa para que você os sinta e pode pedir que você coloque a mão sobre seu ventre para curtir esses movimentos junto com ela. Porém, basta você colocar a mão e o bebê para de se mexer. Não se preocupe, o bebê não tem nada contra você. Na verdade, ele gosta de brincar desde cedo.

Seja persistente e, em poucos dias, você estará participando dessa brincadeira, inclusive sentindo o bebê chutar as suas costas ou a sua barriga durante a noite; isso, é lógico, dependendo da posição em que você estiver junto à mamãe.

PENSAMENTO DA SEMANA
"Tudo o que você faz por uma criança ela fará pela sociedade." (Karl Menninger).

SEMANA 18

O bebê

Seu bebê está perto dos 260 gramas (um "hamburgão") e tem feições humanas completas; mede cerca de 19 cm de comprimento. As pontas dos dedos estão mais recheadas, os olhos estão mirando para a frente (antes eles estavam na parte lateral da face, lembra-se?). O mecônio (os excretas do bebê) começa a se acumular nos intestinos em movimento. Se for um menino, a próstata está começando a se desenvolver. O bebê apresenta soluços para o desenvolvimento do diafragma (um músculo importante para a respiração), portanto, não se preocupe com esses movimentos súbitos e repetitivos.

A futura mamãe

Sentir tonturas e fraqueza é normal durante a gravidez. Esses sintomas não são prejudiciais nem para a mãe nem para o bebê, desde que sejam passageiros. Se eles ocorrem com muita frequência e de forma mais severa, contate seu médico. O que você pode estar sentindo é a chamada "hipotensão postural" – a pressão baixa devido a uma mudança brusca de posição e que ocorre com frequência na gravidez devido à adaptação do seu sistema cardiovascular às alterações do volume sanguíneo. Seu útero agora está logo abaixo da cicatriz umbilical. No final dessa semana, você completa o quarto mês de gestação.

O futuro papai

Você está parecendo um "Sr. Resolve Tudo?" É comum o pai sentir-se um protetor das mamães. Com certa frequência, elas precisam de um ombro amigo para chorar e se livrar de todas aquelas emoções estranhas da gestação. Você vai se sentir mais útil ouvindo as queixas da futura mamãe; às vezes, vai ficar frustrado por não conseguir resolver todos os problemas dela. Relaxe! Nove em cada dez vezes a mãe só precisa de um apoio; ela não espera que você vá resolver tudo. Por mais difícil que pareça, só escute. Dê a ela sua atenção exclusiva nesses momentos. Esse é o melhor presente que você pode dar.

PENSAMENTO DA SEMANA
"Você sabe por que o mar é tão grande? Porque ele teve a humildade de se colocar abaixo de todos os rios." (Anônimo)

SEMANA 19

O bebê

Esse é um período de intenso crescimento para o bebê. Ele mede cerca de 20 cm dos pés à cabeça e pesa cerca de 300 a 320 gramas. Juntamente com o lanugo, forma-se o "vérnix caseoso" na pele de seu bebê. O vérnix é uma substância parecida com "requeijão cremoso" que protege a pele do feto – imagine como iria ficar a sua pele se você passasse nove meses dentro d'água! O feto tem períodos de sono e alerta intermitentes. Dorme mais ou menos por uma hora e fica acordado mais ou menos por um período igual. Ele também pode ter uma posição favorita para dormir. Os ovários do feto feminino já contêm os oócitos primários, ou seja, todos os óvulos que a mulher terá durante toda a sua vida. O útero do feto feminino está também completamente formado. Um tipo de gordura marrom (coloração dada pelo crescimento capilar) cobre o pescoço, tórax e virilhas. A placenta continua a crescer e a nutrir o bebê. Ela está completamente formada e cresce em diâmetro, embora não aumente em espessura.

A futura mamãe

Você pode estar notando várias alterações na sua pele. Elas são hormônio-dependentes e vão desaparecer após o parto. Você pode desenvolver a "máscara da gravidez", ou "cloasma" – manchas escuras em seu rosto, testa, nariz e queixo. Uma coceirinha na pele também é comum. Sua pele pode ressecar e descamar em algumas regiões; muitas grávidas apresentam estrias, especialmente nas regiões de maior distensão da pele. Não há como prevenir completamente as estrias, porém, o uso de loções hidratantes pode ajudar a evitar o ressecamento e a coceira. Beber bastante líquido e ter alimentação saudável é muito importante para reduzir o ressecamento e a formação dessas estrias.

O futuro papai

Você já é capaz de sentir os movimentos do bebê! Pode estar pensando se será um bom pai. Deve estar muito preocupado, especialmente se não teve um bom exemplo de pai quando era criança. Esse tipo de preocupação é muito comum entre os homens. Não se preocupe, pois há tempo para você aprender. Discuta isso com sua mulher e com amigos que já tenham vivido essa experiência. Se você teve uma educação muito severa e equivocada, não culpe os seus pais. Vá à luta e procure se reeducar. A semente que você vai colocar no mundo vai tender a ser a sua imagem e seguir os seus exemplos. Mãos à obra, papai!

PENSAMENTO DA SEMANA
"Não desanime se seu filho não segue o que você ensina; no futuro, eles vão oferecer esses mesmos ensinamentos aos seus próprios filhos" (Oscar Wilde)

SEMANA 20

O bebê

Estamos na metade do caminho da gestação e o bebê dorme e acorda como um recém-nascido. Os cabelos do couro cabeludo começam a se formar. Os pelos temporários, esse lanugo a que já nos referimos, aparecem na cabeça. O lanugo cai na segunda semana após o nascimento, permitindo o crescimento dos finos pelos do couro cabeludo. As sobrancelhas começam a se formar. O vérnix (que consiste de pele morta, células do lanugo e óleo das glândulas sebáceas) está agora completamente formado e visível, cobrindo a pele.

Múltiplos

Seus gêmeos medem cerca de 22 cm de comprimento e pesam cerca de 350 gramas, como se fossem únicos.

A futura mamãe

O útero está no nível da cicatriz umbilical. Você pode estar com a região do umbigo muito sensível, porque o útero a está pressionando. Forma-se uma linha escura ("linha nigra") entre os pêlos pubianos e a cicatriz umbilical; ela vai desaparecer após o parto. Os movimentos do bebê são mais perceptíveis e mais fortes agora. Se você quer fazer um exame de ultrassom para verificar a idade gestacional e se há malformações no bebê, esse é o momento certo. É o chamado ultrassom morfológico.

Múltiplos

Seu útero está 7 a 8 cm acima do umbigo e muito mais alto que se estivesse esperando só um bebê. É um bom momento para iniciar o curso para gestante e parto.

O futuro papai

Você pode começar a procurar os diversos tipos de cursos para a gestação e o parto e deve participar, junto com a mamãe, de todas as aulas. É hora de conhecer várias maternidades e o esquema de funcionamento de cada uma. Alguns pais são relutantes, enquanto outros ficam entusiasmados com os cursos para gestantes. Você deve participar ativamente e esclarecer suas dúvidas. O mais importante é que você vai compartilhar a experiência com outros pais e vai perceber que não é o único a sentir medo dessa nova etapa em sua vida.

PENSAMENTO DA SEMANA
"Ter bebê é um caminho para se tornar gente" (Don Herold)

SEMANA 21

O bebê

A fase de crescimento rápido começa a se reduzir. Os cílios e o couro cabeludo tornam-se mais visíveis e o feto pisca mais frequentemente. O lanugo cobre completamente o corpo, embora seja mais concentrado em torno da cabeça, pescoço e face. O feto já pode sugar dentro do útero. O coração cresce muito nessa fase e os batimentos cardíacos tornam-se mais fortes. Os testículos dos fetos masculinos começam a descer da pelve para a bolsa escrotal. As pernas estão atingindo sua proporção relativa ao corpo. Os braços e pernas movem-se com mais força, enquanto os músculos se tornam mais fortes. O esqueleto torna-se mais endurecido. A força das mãos se acentua. O bebê pesa cerca de 400 gramas e mede em torno de 23 cm da cabeça aos pés.

Múltiplos

Dentro do útero começou um "Festival de Vale-Tudo": os bebês estão chutando um ao outro com frequência enquanto se movem dentro do útero. A membrana que os separa é muito elástica, assim, não se preocupe com os chutes que eles trocam. Eles estão bem protegidos e as membranas não se romperão pela sua atividade. Também não se machucarão, pois estão imersos em líquido, que, por si só, é um amortecedor dos chutes que eventualmente eles vão trocar.

A futura mamãe

Agora você aparenta estar realmente grávida. Seu útero está cerca de 2 cm acima da cicatriz umbilical. A média de ganho de peso até agora é de 4 a 8 quilos. Se você está fazendo uma dieta saudável, não precisa ficar contando quilos e calorias. Emocionalmente, você está mais estável e confortável. Suas coxas e pés podem estar mais inchados, especialmente no final do dia. Beba bastante água e descanse com os membros inferiores mais elevados que o tronco. O mesmo efeito você pode obter deitando-se do lado esquerdo do corpo. Nessa posição, o rim funciona melhor e você vai se sentir menos inchada depois de uma hora de repouso.

Múltiplos

A retenção de líquidos pode estar exacerbada na gravidez múltipla. Os conselhos são os mesmos citados anteriormente: descanse, beba bastante líquido e ponha as pernas para cima ou deite-se do lado esquerdo do corpo.

O futuro papai

Com o segundo trimestre sendo mais fácil, esse é um bom momento para refletir juntos. O primeiro trimestre "sacal" já é uma memória e o "pesado" terceiro trimestre está por se iniciar. Agora talvez seja um bom momento para fazerem uma viagem juntos. Mas cheque com o médico se realmente vocês podem viajar.

PENSAMENTO DA SEMANA
"Deixe a alegria tomar conta de você e agarre-a quando ela quiser fugir"
(Carl Sandburg)

SEMANA 22

O bebê

O bebê está quase com meio quilo, ainda muito magrinho, porém muito desenvolvido. Mede cerca de 26 cm da cabeça aos pés. Os cílios e as sobrancelhas estão agora formados, e o cérebro começa a crescer rápido (crescimento esse que dura até os cinco anos de idade após o nascimento). Se ele é um menino, seus testículos continuam a descer da pelve para a bolsa escrotal. As pernas se aproximam do comprimento proporcional final em relação ao corpo.

A futura mamãe

No final dessa semana, estaremos completando o 5º mês de gravidez. Seu útero está cerca de 3 cm acima do umbigo. Você deve estar ganhando peso de uma forma mais estável e constante.

O peso extra pode começar a incomodar suas costas. Use sapatos de salto baixo e evite ficar sentada ou deitada por longos períodos de tempo. Quando sentada, use um suporte para manter os joelhos mais elevados que o quadril.

Múltiplos

Está tendo cãibras? Você pode estar com deficiência de cálcio, graças aos seus bebês. Quando as cãibras apertarem, alongue suas pernas e flexione o quadril. Peça a seu marido que lhe faça uma massagem muscular no local da dor. Não deixe de usar as meias elásticas com média compressão. Elas melhoram a circulação de sangue em seus membros inferiores, evitando o aparecimento de varizes.

O futuro papai

Alguns casais não têm dificuldade em concordar com o nome do bebê. Outros travam a 3ª Guerra Mundial. Procure uma lista de nomes para oferecer algumas ideias. Pegue na lista dez nomes de que mais gosta. Peça à mamãe que faça o mesmo. Se você ainda não sabe o sexo, escolha nomes para menino e para menina. Encontrem os nomes nas duas listas que vocês realmente odeiam. Se nenhum dos nomes que sobreviveram a essa brincadeira serve, paciência... Comecem tudo de novo! Se não chegarem a uma conclusão, temos algumas sugestões; se for menino: Inominado (do latim – "sem nome"); Ancestralio (relativo aos antigos – essa pode ser uma homenagem aos tataravós); Lepitopson (para quem gosta de informática); se for menina: Indolores (se a mãe não tiver as dores do parto); Filigrana (se você for muito detalhista). Não gostou de nenhum? Não? Ainda bem. Então, com certeza, vocês vão ter bom gosto e chegarão a um consenso quanto ao nome.

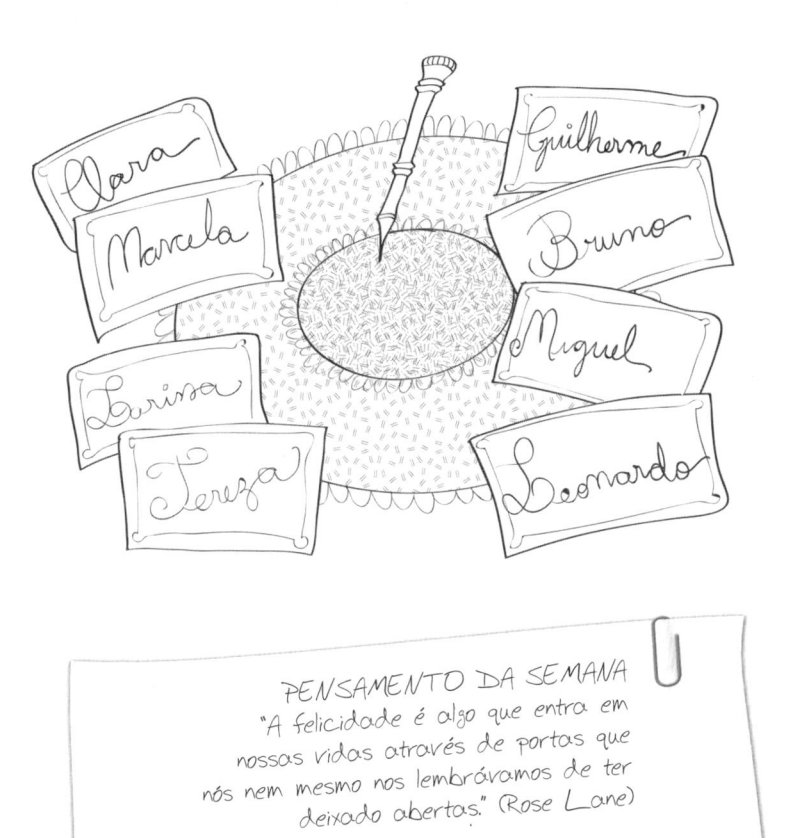

PENSAMENTO DA SEMANA
"A felicidade é algo que entra em nossas vidas através de portas que nós nem mesmo nos lembrávamos de ter deixado abertas." (Rose Lane)

SEMANA 23

O bebê
Seu bebê pesa cerca de 580 gramas agora. Mede cerca de 27 cm da cabeça aos pés. O corpo torna-se mais proporcional a cada dia e os ossos do ouvido médio começam a endurecer, tornando possível a condução do som. O feto reconhece os sons maternos tais como a respiração, os batimentos cardíacos, a voz e a digestão. Se nascer agora, seu bebê já tem chance de sobreviver, contudo, o sistema respiratório ainda está em desenvolvimento. Esperamos que ele fique aí dentro por várias semanas ainda!
Ossos, músculos e órgãos apresentam crescimento estável. Os vasos sanguíneos, ossos e órgãos são visíveis sob uma fina membrana de pele transluscente, rósea e enrugada.

Múltiplos
Seus bebês têm períodos de sono e alerta alternados, que podem ou não coincidir com os do(s) irmão(s). Em termos de tamanho, estão com as mesmas medidas de fetos únicos.
É bom estar familiarizada com os sinais de parto prematuro. Gestação múltipla apresenta um risco mais elevado para esse acontecimento. Avise logo o seu médico se os seguintes sinais e/ou sintomas começarem: sensação persistente de peso no baixo ventre, contrações recorrentes (quatro ou mais em uma hora), perda de líquido, rotura das membranas e cólicas.

A futura mamãe
Seu bebê ainda tem muito espaço para se mover, chutar, saltar e virar cambalhotas. Você pode, inclusive, ver seu abdome se mover. Seu útero está cerca de 5 cm acima do umbigo. Se você anda meio indisposta e de mau humor, não se preocupe, pois é normal. Tente ficar bem com você mesma.

O futuro papai

Faça alguma tarefa doméstica de surpresa, convide-a a descansar enquanto você prepara um bom lanche para o jantar ou saiam para jantar fora. Deixe-a saber quão especial ela é para você.

PENSAMENTO DA SEMANA
"A gravidez é um processo que faz você se render à força invisível por trás de toda a vida". (Judy Ford)

SEMANA 24

O bebê

O feto ainda é magro e não possui muito tecido gorduroso. O bebê deve ganhar cerca de 80 gramas essa semana, enquanto o corpo começa a se tornar mais rechonchudo. Esse ganho de peso é traduzido por músculos, ossos e crescimento dos órgãos e tecidos. As ondas cerebrais fetais começam a ativar os sistemas auditivo e visual. O peso deve chegar a 660 – 700 gramas no final dessa semana. Ele deve medir cerca de 28-29 cm da cabeça aos pés.

Múltiplos

A semana 24 é considerada o ponto de viabilidade fetal, o que significa que, se eles nascessem agora, haveria uma chance de sobrevivência. No entanto, teriam de ficar sob cuidados intensivos durante vários meses. Nas crianças muito prematuras, o que mais influencia na taxa de sobrevivência é a idade gestacional, pois ela determina se os órgãos do bebê, particularmente os pulmões, se desenvolveram o suficiente para permitir a ele viver dentro dos limites da tecnologia moderna. Desse modo, o neonatologista tem condições de dar uma estimativa das chances de seu bebê, levando em consideração os dados acima. Contudo, nenhuma estimativa é perfeita. Alguns prematuros subitamente adoecem e sucumbem, muitas vezes, sem uma causa aparente. As estimativas de sobrevida para crianças nascidas vivas que recebem cuidados neonatais intensivos nos Estados Unidos são (em 1990):

SEMANAS COMPLETAS DE GESTAÇÃO (DUM)	SOBREVIDA
21 SEMANAS OU MENOS	0%
22 SEMANAS	0 - 10%
23 SEMANAS	10 - 35%
24 SEMANAS	40 - 70%

25 SEMANAS	50 - 80%
26 SEMANAS	80 - 90%
27 SEMANAS	> 90%
30 SEMANAS	> 95%
34 SEMANAS	> 98%

A chance de sobrevida de um bebê aumenta 3 a 4% ao dia entre 23 e 24 semanas de gestação e cerca de 2 a 3% por dia entre 24 e 26 semanas. Após 26 semanas, a taxa de sobrevida aumenta mais lentamente porque ela já é, de certo modo, elevada.

Vigie seu corrimento vaginal e relate ao seu médico quaisquer alterações. Parto prematuro pode começar por uma simples infecção vaginal. Seu médico pode querer checar o colo do útero brevemente para saber se ele está dilatando, desde que você apresente sintomas de parto prematuro. Isso deve ser feito de modo cuidadoso através do toque vaginal ou, de preferência, por ultrassom transvaginal.

A futura mamãe
Entre as semanas 24 e 28, seu médico deve pedir um teste de tolerância à glicose para verificar se você é portadora de diabetes gestacional. Seu útero está cerca de 6 cm acima da cicatriz umbilical.

O futuro papai
Tire muitas fotos da mamãe. Mesmo que ela não goste disso agora, irá curtir mais tarde, quando ficar com saudade daquela "barriguinha". Peça para ela fazer uma pose do tipo Demi Moore em *Vanity Fair*!

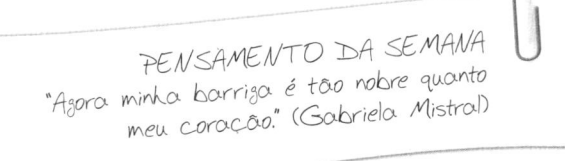

PENSAMENTO DA SEMANA
"Agora minha barriga é tão nobre quanto meu coração." (Gabriela Mistral)

SEMANA 25

O bebê

As estruturas da coluna – 33 anéis, 150 juntas e cerca de 1.000 ligamentos – começam a se formar. Os vasos sanguíneos dos pulmões estão em franco desenvolvimento e as narinas se abrem. Os pulmões já são capazes de se adaptar à vida extrauterina (com muita dificuldade e ajuda dos neonatologistas e aparelhos de respiração), pois os alvéolos (sacos de ar) já estão quase totalmente desenvolvidos e começam a produzir surfactante, uma substância que previne que o tecido pulmonar murche por si só. A boca e os lábios tornam-se mais sensíveis. Os olhos respondem à luz, enquanto os ouvidos respondem aos sons originados fora do útero. Os primórdios dos futuros dentes permanentes aparecem na parte mais posterior das gengivas. Os movimentos reflexos melhoram. As unhas dos dedos das mãos e dos pés continuam a crescer. Ele pesa em torno de 780 a 840 gramas e mede cerca de 30 cm da cabeça aos pés.

A futura mamãe

Quer impressionar o papai que adora futebol? Diga que agora seu útero tem o tamanho de uma bola oficial. O útero em crescimento pressiona suas costas e bacia, e isso pode causar crises de dor na região lombar e nas pernas. Se você sente essas dores, descanse, mude sua postura e aplique compressas quentes na região dolorida.

Sinais de parto prematuro

Você conhece alguns sintomas e sinais de parto prematuro? Nunca ignore os seguintes:

1. Cólicas parecidas com as do período menstrual (constantes ou ocasionais).

2. Dores constantes no baixo ventre.

3. Pressão na região pélvica (como se o bebê estivesse empurrando para baixo).

4. Cólicas abdominais (com ou sem diarreia).
5. Aumento e alteração da consistência do corrimento vaginal (especialmente se ele se torna mucoso como o do período ovulatório).
6. Contrações uterinas a cada 10 minutos ou mais frequentes (podem ser dolorosas).

Converse com seu médico sobre o que fazer no caso de você sentir esses sintomas antes de 37 semanas de gravidez.

O futuro papai

Agora é um bom momento para antecipar sua agenda de trabalho para quando o bebê nascer. Veja as opções de trabalho que você tem para substituir as atuais e as leis que regem o seu futuro afastamento. Por exemplo, poder trabalhar em casa para estar mais próximo da mamãe e do bebê – você sabe, mãe e pai em casa nesses momentos proporciona alto nível de relacionamento –, ou mesmo tirar férias nessa época. Sobre as leis: informe-se sobre aqueles cinco dias de afastamento a que o pai tem direito – na verdade, vá atrás dos seus direitos – e tente estar com a mamãe e com o bebê pelo menos no primeiro mês. A presença do pai dá alento para a mãe cuidar do bebê nos primeiros dias, pois são os mais difíceis.

PENSAMENTO DA SEMANA
"Quando eu me aproximo de uma criança, dois pensamentos me ocorrem: sensibilidade para o que ela é; respeito pelo que ela pode vir a ser." (Louis Pasteur)

SEMANA 26

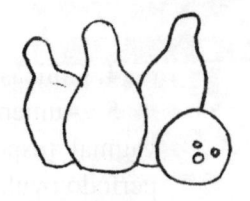

O bebê

Seu bebê está pesando cerca de 900 a 1.000 gramas e medindo cerca de 31-32 cm de comprimento (dos pés à cabeça). Os vasos sanguíneos começaram a proliferar nos pulmões na última semana, os pequenos sacos de ar pulmonares (alvéolos) terminam sua formação nessa semana. Os pulmões continuam a produzir surfactante (um tipo de substância semelhante ao sabão), que permite a sua expansão durante a respiração. Ao lado do crescimento pulmonar, o cérebro continua a aperfeiçoar a atividade de ondas cerebrais para os sistemas visual e auditivo. A chance de sobreviver aumenta dia a dia a partir de agora. Um bebê nascido nessa fase tem 70% a 80% de chance de sobreviver se for atendido num berçário com boa experiência em prematuros.

A futura mamãe

No final dessa semana, você está completando o 6º mês de gestação; está dando adeus ao segundo trimestre da gravidez. Seu útero está cerca de 7 cm acima do umbigo. É frequente que ele apresente contrações e relaxe rapidamente; não entre em pânico. Você está percebendo as contrações de "Braxton Hicks". A partir do meio da gestação em diante (ou mesmo mais cedo), você poderá notar os músculos uterinos se enrijecendo em algum ponto da barriga (ou em toda ela) por um período curto de 30 a 60 segundos. Nem todas as grávidas percebem essas contrações indolores. Elas são irregulares e não possuem um ritmo. São chamadas assim em homenagem ao Dr. John Braxton Hicks, um médico inglês que as descreveu pela primeira vez em 1872.

Qual a diferença entre as contrações de Braxton Hicks e as verdadeiras contrações de parto?

Essa é uma pergunta frequente das grávidas e, em geral, a resposta que elas recebem dos amigos ou mesmo da própria mãe é um pouco vaga: "Você vai saber disso quando o parto realmente começar". É a pura verdade. As contrações de parto são notadamente mais duradouras, mais intensas e muito mais dolorosas que as contrações de Braxton Hicks. Outra diferença é que as contrações de parto acontecem em intervalos regulares e cada vez mais curtos, com uma duração cada vez maior, acompanhadas de dor no baixo ventre e na região lombar baixa; às vezes, há diarreia e perda de um pouco de muco e sangue pela vagina. Portanto, essas contrações são normais, indolores e acontecem em intervalos irregulares. Representam um tipo de preparo uterino para o parto, que ainda está longe. Não esqueça que o útero é um órgão muscular e, como tal, apresenta discretas e rápidas contrações, sem provocar a dilatação do colo uterino ou parto.

Você está se alimentando bem? Você necessita, a partir de agora, de cerca de 300 calorias adicionais por dia. Faça as contas para não exceder o necessário.

Múltiplos

Na gestação múltipla, o útero está mais distendido e as contrações de Braxton Hicks são mais frequentes. Contudo, se você tem mais que seis contrações por hora, contate o seu médico.

O futuro papai

Como vai o quarto do bebê? É preciso prepará-lo, pintá-lo e decorá-lo. Durante a pintura, mantenha a mamãe afastada. Junto com ela, procure uma maneira divertida de fazer as coisas. Afinal de contas, esse acontecimento é mais ou menos raro. Veja o que você pode fazer pelo seu filho antes de sua chegada. Você deve se acostumar desde já a dedicar alguns minutos do seu tempo para o seu bebê.

PENSAMENTO DA SEMANA
"A melhor herança que um pai pode dar ao filho é alguns minutos de seu tempo a cada dia." (O. A. Battista)

SEMANA 27

O bebê

Durante essa semana, o cérebro continua seu rápido crescimento e os pulmões já estão quase completamente desenvolvidos. Os pulmões seriam capazes de respirar se o bebê já tivesse nascido. As ondas cerebrais do feto já se parecem com as de um bebê ao nascimento. As pálpebras começam a se abrir e a retina começa a se formar. Os olhos estão parcialmente abertos e os cílios estão presentes. A sucção e a deglutição melhoram. O corpo fetal possui apenas 2 a 3% de gordura. Os testículos fetais já desceram completamente e estão situados na bolsa escrotal. O feto irá crescer cerca de 1,8 cm, terá cerca de 32-33 cm (dos pés à cabeça) e deverá estar pesando em torno de 1.100 a 1.200 gramas no final dessa semana.

A futura mamãe

Parabéns! Você acaba de iniciar o último trimestre da gestação. Sua respiração pode estar ficando mais curta. Seu útero tem o fundo situado perto das costelas inferiores e seus pulmões podem ter alguma dificuldade em se expandir totalmente. Não se preocupe. Isso não provoca falta de oxigênio para o bebê. Seu sistema circulatório agora já está adaptado a essa situação e é muito mais eficiente que antes da gravidez. São os benefícios de todo aquele mal-estar hormonal do início da gestação.

Trabalhar ou não trabalhar? Eis a questão!

Se você é uma mãe que trabalha fora de casa, deve estar pensando se poderá voltar ao seu emprego após dar à luz. Essa pode ser uma decisão difícil para algumas famílias que dependem da renda materna. Informe-se sobre como poderá contornar essa situação com os profissionais de saúde e com pessoas que viveram essa experiência. Elas têm muita informação para você. Talvez contratar uma babá pudesse ser a solução.

O futuro papai

São duas da madrugada. Você está no auge de seus sonhos (aquele pódio de Fórmula 1 ou no teatro de "strippers" naquela hora H). De repente, você acorda com alguém puxando os botões do seu pijama. Você se senta rapidamente e pergunta: "Está tudo bem?". Ela responde que necessita urgentemente de um Big Mac com sorvete de chocolate na casquinha e um suco de frutas bem gelado! URGENTEMENTE! Não é trabalho de parto. São os desejos por coisas estranhas em horários estranhos. Ela insiste. "O bebê vai nascer com cara de sanduíche se eu não comê-lo agora!". E você, que só queria dormir um pouco... Mas descobre que não haverá sono enquanto não for buscar o pedido. O que você deve fazer? Isso lhe soa familiar?

Prepare-se para ser acordado no meio da noite – isso já pode ser um preparo para quando o bebê estiver em casa, mas você não precisará ir ao McDonald's para ele. Tente convencê-la de que necessita de alimentos saudáveis e que você vai preparar um sanduíche natural para ela na cozinha. Contudo, tenha em mente que suas sugestões poderão não ser aceitas. Nesse caso, troque de roupa, pegue as chaves do carro e mãos à obra... Eles vão ficar felizes. E você também, se o desejo for algo como esse, digamos, mais ou menos normal. Uma das minhas pacientes, grávida de sete meses, acordou o marido às três horas da manhã com vontade de comer jaca. Onde encontrar uma jaca às três horas da manhã? Uma outra paciente sentia desejo de comer terra. Ela me dizia: "Doutor, eu sei que comer terra é nojento, mas eu não resisto". Vim a saber, através de sua cunhada, que ela colocava terra molhada (barro) dentro de formas para empadinhas, levava ao forno até endurecer e, absurdamente, comia os torrões de barro. Dá para acreditar?

PENSAMENTO DA SEMANA
"Os desejos de uma grávida são ordens vindas dos deuses; se você não satisfizer esses apetites repentinos, poderá ser castigado." (Marido arrependido)

SEMANA 28

O bebê

Seu bebê está crescendo e se desenvolvendo a uma velocidade incrível. As sobrancelhas e os cílios agora estão presentes, e os cabelos estão mais espessos. As pálpebras se abrem e os olhos estão completamente formados. O corpo está mais roliço e rechonchudo. Pesa em torno de 1.200–1.300 gramas, mede cerca de 33–34 cm da cabeça aos pés. O tônus muscular está melhorando gradualmente. Os pulmões já são capazes de praticar a respiração, mas se o bebê nascesse agora ainda teria muita dificuldade para respirar. Tente falar bastante com ele, pois já é capaz de reconhecer a sua voz.

Múltiplos

Se nascerem agora, eles têm 90% de chance de sobrevivência. Esperamos que eles fiquem por aí mais um bom tempo.

A futura mamãe

Nesse período, você pode começar a sentir cãibras nas pernas, hemorroidas, varizes, indigestão ou empachamento após a alimentação, ressecamento da pele, inchaço, azia etc.

Seu útero está cerca de 12 cm acima do umbigo; a média de ganho de peso até agora está entre 8 a 12 quilos. Se você ainda não fez um teste de tolerância à glicose para saber se é portadora de diabetes gestacional, como mencionado anteriormente, seu médico poderá pedi-lo ainda nessa semana.

O diabetes é causado pelo aumento dos níveis de açúcar (glicose) no sangue, acima dos valores normais durante o jejum (80 a 120 mg/dl) ou após uma sobrecarga (ingestão excessiva de glicose). Uma paciente é considerada diabética durante a gestação se os níveis de glicose ultrapassam 200 mg/dl duas horas após a ingestão de 75 gramas de glicose ou se os níveis de glicose em jejum estiverem acima de 120 mg/dl. Apesar de ter sido um problema médico sério no passado, a maioria das mães diabéticas pode ter seus filhos com segurança hoje em dia, desde que devidamente acompanhadas no pré-natal.

Cerca de 5 em cada 100 gestantes apresentam o diabetes gestacional. Dessas 5 mulheres, 4 apresentam apenas o teste de sobrecarga alterado (chamado de intolerância à glicose) e uma desenvolve o diabetes propriamente dito. As pacientes obesas e com mais de 35 anos apresentam um maior risco para desenvolver a doença durante a gravidez.

Múltiplos

Você começa a se sentir muito pesada e lenta agora; há muita pressão na bacia e dores nas costas. Você se sente como se os bebês estivessem sentados sobre o seu reto ou bexiga. Banhos mornos podem ajudar. Seja paciente e peça ajuda aos mais próximos. Você vai precisar.

Exames do terceiro trimestre

Em gestações de baixo risco, suas consultas passam a ser quinzenais entre 28 e 36 semanas; a partir da 36ª semana, elas passam a ser semanais. Durante essas consultas, seu médico vai checar a altura uterina, seu peso, pressão sanguínea, análise da urina (para pesquisa de infecção sem sintomas, açúcar e proteínas). Como o parto se aproxima, a posição do bebê é verificada e exames de toque vaginal são feitos para avaliar uma possível dilatação do colo uterino. Se alguma situação de alto risco é detectada, seu médico precisará de visitas mais frequentes para melhor acompanhamento da sua saúde e do bem-estar do bebê. Nessa fase, você deve perguntar, perguntar, perguntar e perguntar...

O futuro papai

Vamos celebrar o trimestre final. Vá ao shopping e compre alguma coisa para o bebê e, é claro, para ela. Faça massagem com óleos no abdome e nos pés da futura mamãe; ela vai adorar. Esteja envolvido com esse final de gestação e dê o máximo de sua atenção para ela. Agora ela precisa mais do que nunca.

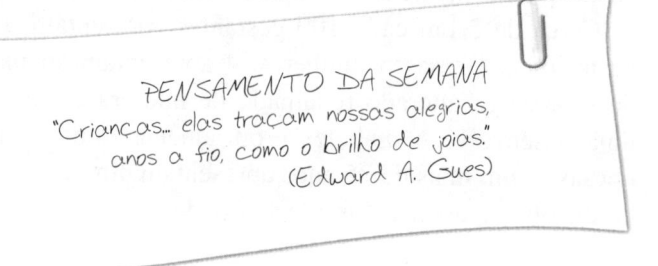

PENSAMENTO DA SEMANA
"Crianças... elas traçam nossas alegrias, anos a fio, como o brilho de joias."
(Edward A. Gues)

SEMANA 29

O bebê

A cabeça do feto começa a ficar proporcional ao resto do corpo. Ele pesa cerca de 1.300 gramas e mede em torno de 34 a 35 cm. O acúmulo de gordura sob a pele continua. O cérebro já pode controlar a respiração primitiva e regular a temperatura do corpo; os olhos podem mover-se nas órbitas. O bebê torna-se sensível à luz, a sons, gosto e cheiros.

Múltiplos

Seus bebês ainda apresentam o mesmo tipo de crescimento que os fetos únicos.

A futura mamãe

Parece que você vai ficar grávida para sempre? Está um pouco mais desconfortável? Nessa fase, a azia, a falta de ar, a respiração curta, as cãibras, as hemorroidas, a indigestão e o ressecamento da pele pioram. O que fazer? Lembre-se de que são sintomas temporários. Enfatize os aspectos positivos da gravidez. Seu médico poderá ajudá-la muito agora. Veja os conselhos dele para solucionar os desconfortos da gravidez.

É também comum para algumas grávidas sentir um pouco mais de fome, pois nesse período o bebê começa a acumular mais gordurinhas, fazendo com que você tenha um apetite mais "voraz". Tome cuidado para não adquirir muitas gordurinhas agora. Falando nisso, eu lembro que, certa vez, na última consulta do dia, uma paciente adentrou meu consultório junto com o marido e já chegou pedindo desculpas pelo aumento de peso fora do padrão para aquele mês, mesmo antes de se pesar (cá entre nós, quando a cliente chega pedindo desculpas antes de se pesar é sinal de que ela realmente abusou dos docinhos e guloseimas – essa é uma dica de médico). Depois de pesá-la, constatei cerca de 1 quilo acima do que deveria ser o ganho normal para aquela fase da gestação. Perguntei: "Você não abusou um pouquinho dos doces?". Ao que ela respondeu: "Não, doutor! Eu juro que não, pergunte ao meu marido aqui!" (elas sempre dizem isso e o marido sempre fica com aquela cara de que, se não confirmar a mentira, apanha ao chegar em casa). Enfim, orientei uma dieta (o que a maioria nunca segue), falamos de mais alguns detalhes sobre a gestação e o casal se foi. Como eu estava apressado, desci logo em seguida ao estacionamento. De repente, percebi o casal que acabara de sair do consultório partindo em seu carro. Estava um pouco escuro, mas tive a impressão de que a paciente estava mostrando a língua para mim. Pensei: "Mas que língua grande! E branca! Poxa vida, eu nem havia notado isso na consulta!". Minha dúvida foi solucionada quando o marido abaixou o vidro do carro e desabafou: "Doutor, veja aí... ela diz que não come nada... Olha o tamanho da maria-mole que ela tem na boca! E veja o tamanho do saco de doces que ela tem aqui dentro do carro... E ela... Acabamos de comprar! O senhor aceita um?".

São os apetites repentinos das grávidas...

Múltiplos

A fadiga é sua constante companheira. Tente repousar tanto quanto possível agora. Tire uma soneca e coloque as pernas para cima ou deite-se sobre o lado esquerdo, para reduzir o inchaço.

Planejando o parto

Você já deve ter feito vários planos para o dia do parto. Tente fazer uma lista de afazeres – tais como quem avisar, arrumar os docinhos para as visitas, lembrancinhas, roupas para a maternidade, combinar com o fotógrafo ou produtoras de vídeo etc. – que você e seu parceiro teriam para o momento do nascimento. Prepare isso com detalhes e terá poucos contratempos no grande dia.

O futuro papai

Ajude a planejar o dia do nascimento. Aprenda sobre o parto e qual o seu papel nesse tão esperado dia. Sua ajuda é inestimável agora. O bebê ficará muito agradecido a vocês.

PENSAMENTO DA SEMANA
"Crianças são o propósito da vida. Quando éramos crianças alguém cuidou de nós. Agora é nossa vez de cuidar delas." (Cree Elder)

SEMANA 30

O bebê

O seu pequeno príncipe ou princesa pesa em torno de 1.500 gramas agora. Mede cerca de 35 a 36 cm da cabeça aos pés. A superfície do cérebro fetal apresenta um aspecto enrugado. Há inúmeras cristas e depressões de tecido nervoso dispostas em forma circular, que recebem o nome de circunvoluções cerebrais. Em cada crista e depressão se alojam milhares de neurônios. Esses relevos cerebrais são capazes de crescer de forma circular, de modo que poderão alojar inúmeros neurônios num mesmo local. Esse fenômeno é muito importante para a formação do cérebro. Essas circunvoluções fornecem mais área e maximizam a disposição das células cerebrais. Respiração rítmica e a temperatura corpórea são agora controladas pelo cérebro. Aquele lanugo inicial está desaparecendo, exceto nas costas e ombros. As pálpebras se abrem e fecham. Se você ainda não tinha comprado uma tesourinha, já pode colocar na sua lista. Afinal, as unhas dos pés estão crescendo. O cabelo já está presente. Agora, a medula óssea já é responsável pela produção de sangue (tarefa que era realizada pelo fígado e baço anteriormente). A pele torna-se mais lisa e plana à medida que os depósitos gordurosos acumulam-se sob ela. O tecido gorduroso começa a formar "ilhas" de gordura e passa a ser uma fonte de energia.

A futura mamãe

A melhor posição para dormir é deitada sobre o lado esquerdo. A aorta e a veia cava estão situadas um pouco à direita do centro de suas costas; assim, deitar-se do lado esquerdo, tanto quanto possível, melhora a circulação de sangue em seus órgãos e extremidades, permitindo melhor fluxo sanguíneo no útero. Você pode encontrar algum problema para conseguir dormir. Tente um daqueles travesseiros de maternidade (um travesseiro especial, com uma parte mais baixa e outra mais elevada, capaz de se encaixar sob a barriga – é um tipo de apoio para descansar a barriga, quando a grávida deita de lado) para colocar sob a sua barriga, ao deitar-se de lado, e mantenha a linha da coluna reta com a posição da cabeça. No final dessa semana, você estará completando o 7º mês de gestação.

Múltiplos

Esteja familiarizada com os sintomas de pré-eclâmpsia, que é mais comum em gestações múltiplas do que em únicas. Se você apresenta: dor de cabeça forte, vê com frequência pontinhos cintilantes enquanto está em repouso, subitamente começa a inchar, especialmente na face, dor abdominal, náuseas e vômitos acompanhados de tonturas, avise imediatamente o seu médico.

O futuro papai

Se você ainda não sabe o sexo do bebê, seus parentes podem estar tentando fazer vários testes e desenvolver várias teorias para adivinhá-lo. Algumas dessas teorias são muito engraçadas. Por exemplo: se o pai é mais nervoso, uma menina está a caminho; se ele é mais calmo, é menino; se o pai faz muitos projetos no lar, é menino; se ele não faz esses projetos, é menina; se o pai ganha peso junto com a mãe, é menino; se ele mantém o peso, é menina. E aí, papai? O que está se passando com você?

PENSAMENTO DA SEMANA
"É impossível ganhar sem saber perder; é impossível levantar-se sem saber cair." (Anônimo)

SEMANA 31

O bebê

A velocidade do crescimento começa a diminuir um pouco e o cérebro passa por mais um período de rápida expansão. O tamanho da cabeça aumenta à medida que o cérebro em crescimento empurra o crânio externamente, criando mais circunvoluções na superfície. Esse rápido crescimento aumenta o número de conexões entre as células nervosas individuais. A íris torna-se colorida e as pupilas respondem de modo reflexo à luz. Os cabelos crescem e tornam-se mais espessos. O único órgão importante que ainda não está totalmente pronto para o nascimento é o pulmão. As unhas dos dedos dos pés estão completamente formadas. Devido à falta de espaço no útero, as pernas ficam dobradas e encolhidas sobre si mesmas, o que é conhecido como posição fetal. No final dessa semana ele pesa cerca de 1.700 gramas e mede em torno de 36 a 37 cm.

A futura mamãe

Seu abdome pode estar mais dolorido à medida que seu útero vai esticando e aumentando. Ele agora está cerca de 14 cm acima do umbigo, a dez semanas do final. Como os ossos de seu bebê estão cada vez mais duros e fortes, suas necessidades de cálcio são maiores. Assegure-se de seguir uma dieta rica em cálcio, proteínas, ferro e ácido fólico *(veja no final do livro)*.

Múltiplos

Visite um pediatra e peça informações sobre os cuidados com os bebês. Se eles vierem mais cedo, você não vai necessitar de um monte de entrevistas com vários médicos para se decidir sobre quem vai cuidar deles. Você já aprontou sua mala para a maternidade?

O futuro papai

A mãe pode se queixar muito dos desconfortos dessa fase da gravidez. Escute-a e dê o seu apoio e compreensão. Ajude-a a relaxar à noitinha fazendo massagens nas suas costas e pés. Isso parece simples, mas pode ser difícil para você lidar com esses desconfortos.

Lembre-se: ela precisa que você esteja ao seu lado, e o que você fizer por ela, também estará fazendo pelo bebê. É a melhor maneira de se tornar um bom pai.

PENSAMENTO DA SEMANA
"Nós não podemos dar o futuro aos nossos filhos, embora com empenho possamos torná-lo seguro; entretanto, nós podemos dar o presente para eles." (Kathleen Norris)

SEMANA 32

O bebê

O feto repousa sobre o útero – não mais flutua. Na verdade, começa a haver restrição de espaço devido ao crescimento do feto e à estabilização na produção do líquido que o envolve. É como se você estivesse dentro de uma piscina e fosse muito pequeno. Então, você começa a crescer e atinge um tamanho que lhe permite flutuar dentro d'água. Continua a aumentar de tamanho de tal forma que ocupa quase todo o conteúdo da piscina. A partir desse momento, você deixa de flutuar e passa a repousar sobre todas as partes da piscina.

Os olhos se abrem na fase alerta e se fecham durante o sono. A cor dos olhos é geralmente azul, embora a pigmentação permanente ainda não esteja totalmente desenvolvida. A formação final da pigmentação dos olhos (a cor propriamente dita) requer exposição à luz e usualmente acontece poucas semanas após o nascimento. O feto começa a desenvolver seu próprio sistema imunológico. As unhas das mãos ultrapassam as pontas dos dedos e o feto pode se arranhar. Os cabelos continuam a crescer. O bebê está próximo dos dois quilos de peso, e os cinco sentidos estão funcionando. Mede cerca de 38 a 39 cm. O tecido gorduroso mais claro (menos vascularizado) deposita-se embaixo da pele, dando uma aparência mais clara ao feto.

Múltiplos

Nessa fase, os bebês iniciam um ganho de peso um pouco mais lento que o dos fetos únicos. Eles já estão bem mais apertados dentro do útero.

A futura mamãe

Você está indo ao médico a cada uma ou duas semanas agora. Seu útero está cerca de 15 cm acima do umbigo e está empurrando o estômago para cima, causando azia e empachamento após

as refeições. Empurra também o diafragma e os pulmões, causando falta de ar. Começa também a pressionar o reto, causando constipação (intestino preso). Beba bastante líquido e coma boa quantidade de fibras, para aliviar a constipação.
Para aliviar a azia e a indigestão, faça algumas modificações na dieta e nos seus hábitos:
– Coma e beba lentamente.
– Faça refeições pequenas e mais frequentes (a cada três horas).
– Coma alimentos leves e evite alimentos picantes como alho, cebola, frutos e vegetais ácidos ou alimentos apimentados (especialmente com pimenta-do-reino).
– Evite frituras e alimentos gordurosos, pois são de digestão mais lenta e permanecem por mais tempo no estômago; isso aumenta a chance de azia.
– Evite alimentos e bebidas ricos em cafeína (refrigerantes à base de cola, guaraná, chá preto e chocolates), pois eles estimulam a secreção gástrica e relaxam o esfíncter entre o estômago e o esôfago, favorecendo o refluxo de conteúdo do estômago para o esôfago.
– Não se deite logo após as refeições; espere pelo menos duas horas.
– Não use roupas apertadas sobre o abdome.
– Evite situações causadoras de estresse.
É importante relatar ao seu médico todo tipo de azia que não tenha melhorado com essas modificações de dieta ou que afete sua capacidade de ingerir alimentos. Baixa ingestão de alimentos e líquidos pode trazer riscos para a saúde materno-fetal.
Por outro lado, os antiácidos não devem ser utilizados sem a devida prescrição do seu médico.

Múltiplos

Seus quadris estão se alargando e os ligamentos pélvicos se esticando. As contrações de Braxton Hicks estão mais frequentes e fortes. Nessa fase, o tamanho do seu útero é igual ao de uma gestante de 40 semanas gerando um só feto.

Amamentando seu bebê

Metade das crianças nascidas atualmente recebem aleitamento artificial. O que você fará?

Para algumas mães, isso é uma decisão simples; para outras, muito difícil. E pode ser que você mude de ideia assim que o bebê nascer. A melhor coisa a fazer agora é aprender sobre ambas as maneiras de amamentar. Faça uma pesquisa sobre o assunto. Procure saber a opinião de pessoas que já passaram por ambas as experiências. Leia a respeito da importância do leite materno, mas não se culpe se não conseguir amamentar no peito.

O futuro papai

A decisão de como amamentar o bebê está mais com a mãe. Entretanto, é muito importante para o pai apoiar o método escolhido. Discuta seus sentimentos com a mãe e analisem juntos os prós e contras. Então, dê apoio integral à decisão final.

> PENSAMENTO DA SEMANA
> "As pessoas que realmente importam não são aquelas com credenciais, mas aquelas que se preocupam." (Max Lucado)

SEMANA 33

O bebê

Nessa fase, o líquido amniótico atinge o seu nível máximo na gravidez. Essa quantidade permanece constante até o final. O rápido crescimento do cérebro aumentou o tamanho da cabeça cerca de 1 cm nessa semana. A gordura continua a se depositar, o que torna a cor da pele do bebê de vermelha para rosa. Ele pesa em torno de 2.100 a 2.200 gramas e mede cerca de 40 a 41 cm.

Múltiplos

O espaço para os bebês torna-se mais restrito e pode ser que os movimentos não sejam percebidos tão facilmente como antes.

A futura mamãe

Você está ganhando cerca de 300 a 500 gramas por semana. Um inchaço moderado é normal, mas, se junto com ele há forte dor de cabeça, visão de pontos brilhantes enquanto repousa, um súbito inchaço em 2 ou 3 dias, especialmente na face, náuseas, vômitos, tonturas e dor abdominal, contate imediatamente o seu médico. Você pode estar desenvolvendo um quadro de pré-eclâmpsia. Para confirmar, é necessário fazer a pesquisa de aumento da pressão e de presença de proteínas na urina. Essa é uma complicação muito séria do terceiro trimestre da gravidez e deve ser tratada com presteza. No entanto, não se alarme, pois nem sempre esses sintomas são da pré-eclâmpsia.

Múltiplos

Seu apetite pode estar diminuindo à medida que seu estômago tem a capacidade restringida.

Circuncisão – fazer ou não fazer?

Se você vai ter um menino, poderá se confrontar com a decisão de fazer ou não a circuncisão após o nascimento. Isso tem se tornado um ponto polêmico para alguns pais que se preocupam desnecessariamente com isso, mesmo à parte de religião. Acham que se ela tiver de ser feita mais tarde – o que raramente acontece – vai causar muito sofrimento e dor para seus filhos. Assim, há uma certa crença de que, se esse tipo de procedimento é feito logo que o bebê nasce, pode evitar um sofrimento maior depois – o que não é verdade, pois se o recém-nascido pudesse reclamar ele pediria para não ser circuncidado.

O futuro papai

A mãe deve estar montando a lista de avisos do nascimento de seu filho. Agora é o momento para saber quem deve ser avisado. Ajude-a.

> PENSAMENTO DA SEMANA
> "Quando você não pode ter o que você quer, é hora de começar a querer o que você tem." (Kathleen A. Sutton)

SEMANA 34

O bebê

O bebê já responde como um recém-nascido, com seus olhos abrindo e fechando durante o ato de dormir e acordar. Há franco desenvolvimento da imunidade para lutar contra as infecções. As unhas das mãos estão ultrapassando as pontas dos dedos agora. Você deverá cortá-las durante os primeiros dias de nascimento. Ele pesa quase 2,5 quilos e mede cerca de 42 cm da cabeça aos pés.

Múltiplos

As posições em que os bebês se encontram agora provavelmente serão mantidas até o nascimento. Eles já não podem se virar muito em virtude do espaço reduzido. Em que posições os bebês podem estar?

Numa gestação múltipla, poderemos ter uma grande variedade de configurações: menos de 50% dos gêmeos estão de cabeça para baixo; um gêmeo está de cabeça e o outro de bumbum (a parte do corpo que vai nascer primeiro) em cerca de 40% dos casos. Um ou mais podem estar atravessados (paralelos à bacia). Os séptuplos dos McCaughey (um casal de americanos que fizeram tratamento de indução da ovulação sem o devido controle médico) estavam numa configuração de pirâmide. Quanto maiores os bebês, maior a dificuldade para eles se moverem para uma posição própria ao nascimento. Seu médico deve fazer um exame de ultrassom para determinar as posições relativas dos bebês e em qual ordem eles devem nascer.

O trabalho de parto em gêmeos em geral começa antes de 37 semanas, e 50% dos partos ocorrem entre 34 e 37 semanas. Você está pronta?

A futura mamãe

No final dessa semana você estará completando o 8º mês de gestação.

Você esteve sentindo as contrações de Braxton Hicks nas últimas semanas e elas podem ter se intensificado. Elas normalmente não são dolorosas e não possuem uma regularidade. Elas estão preparando o útero para o parto. É hora de selecionar um pediatra para cuidar do seu bebê após o nascimento. Se você sente o intestino muito "preso":

1. Aumente a ingestão de fibras vegetais, grãos integrais, ervilha e frutas secas.
2. Use germe de trigo e aveia em flocos.
3. Ingira 2 a 3 litros de líquido por dia.
4. Tome suco de maçã, mamão ou ameixa seca.
5. Pratique exercícios leves diariamente.
6. Adicione germe de trigo à sua dieta como se fosse um tipo de farinha que você pudesse colocar no feijão, nos sucos, pudins etc.

O futuro papai

A mamãe sente-se enorme e desajeitada agora. Ela pode estar chorosa e muito vulnerável, ou mesmo de mau humor. Diga a ela o quanto é maravilhosa e que você vai ajudá-la a ser uma boa mãe, sendo um bom pai. Sirva-lhe um café da manhã na cama e faça-a sentir que é uma mulher especial.

PENSAMENTO DA SEMANA
"Os homens que não reconhecem quando um coração chora também não sabem sorrir." (Anônimo)

SEMANA 35

O bebê

A cabeça pode agora posicionar-se na pelve (o feto vira de cabeça para baixo) antes do parto. As gengivas apresentam os sulcos dentários. O sistema gastrointestinal é ainda muito imaturo e permanecerá assim até 3 a 4 meses após o nascimento. O bebê armazena cerca de 15% de gordura e consegue manter a temperatura do corpo. Ele pesa cerca de 2.500 a 2.600 gramas agora! Ele mede em torno de 43 a 44 cm. Esse acúmulo de gorduras torna os braços e pernas mais gordinhos nessa semana. Ele já alcançou tamanho suficiente para ocupar quase todo o útero e há menos espaço para movimentação. Os membros começam a formar dobras nos cotovelos e joelhos, punhos e pescoço. A pele tem aspecto rosa-claro, devido à proximidade dos vasos sanguíneos de sua superfície. A placenta representa agora cerca de 1/6 do peso fetal.

A futura mamãe

Seu médico pode indicar consultas mais regulares para avaliação do colo uterino e da posição do bebê. Quando o parto está próximo, há sinais de esvaecimento e dilatação do colo, ou seja, o colo do útero, que tem um formato alongado e cilíndrico e uma consistência endurecida, vai se tornando mais curto, achatado e amolecido; também começa a se dilatar. Seu bebê não pode passar por uma cérvix normalmente fechada. O processo do trabalho de parto envolve afinar e dilatar a cérvix para permitir a passagem do feto pelo canal de parto. Sua cérvix estará completamente dilatada ao atingir uma abertura de cerca de 10 cm de diâmetro.

O futuro papai

Está tudo bem no terceiro trimestre. A mamãe está pesada e cansada; o papai está nervoso e também cansado. Seus hábitos sexuais devem estar bem mudados. A mamãe continua perseguindo novas posições, mais confortáveis, para fazer amor. E se isso é difícil para ela, a qualquer hora, o sexo pode estar confinado às suas fantasias, papai. Então, novamente, vocês não devem estar naquele clima. Cada um é de um jeito. O que você deve fazer se ela não estiver na sua? Fiquem juntos sem ter de fazer sexo. Que tal uma sessão de carinhos? Segurem-se as mãos, durmam em posição de colher e beijem-se. Faça-lhe uma massagem nas costas e permaneça junto dela.

Ou então, esqueça tudo e faça alguma coisa especial, como lixar as unhas dela. Ela já não consegue ver ou atingir os pés, mas gostaria de chegar à maternidade com as unhas aparadas e feitas. Essas pequenas coisas o deixarão mais próximo dela e você nem vai precisar fazer curso de pedicure. Contudo, se vocês dois estão no clima, vão em frente, e cuidado para não abusar. Sejam criativos nas posições e aproveitem. Mas, se o clima não pinta, não forcem a barra. Suas cabeças podem estar tão cheias que são capazes de esfriar a mais ativa libido. E lembrem-se de que a maioria dos médicos recomenda abstinência sexual três a seis semanas antes do parto.

PENSAMENTO DA SEMANA

"Ao olhar para uma roseira você pode pensar de duas maneiras: desesperar-se porque o arbusto de rosas tem espinhos ou regozijar-se porque o arbusto de espinhos tem rosas." (Anônimo)

SEMANA 36

O bebê

Faltando cerca de quatro semanas para o final, o feto está quase pronto para nascer. Ele pode adentrar o canal de parto a qualquer momento a partir de agora. Nessa semana a gordura está preenchendo os ombros e joelhos, bem como formando dobras no pescoço e na cintura. As gengivas do bebê estão bem duras. Ele pesa em torno de 2.800 a 2.900 gramas e mede cerca de 45 cm.

Múltiplos

Gêmeos podem estar pesando cerca de 2.750 gramas. O peso médio de nascimento de gêmeos está em torno de 2.750 gramas por volta da 36ª e 37ª semanas de gestação. No entanto, não se assuste se os seus pesarem 500 gramas a menos; isso pode ser possível e normal. O peso dos gêmeos, de um modo geral, é um pouco menor que o peso de um feto único nessa mesma fase da gestação.

Outra coisa: você está realmente pronta para o parto? Discuta seus sentimentos com seu médico. Nessa fase você vai se sentir muito desconfortável.

A futura mamãe

Há cerca de um mês, você deve estar indo ao médico uma vez por semana. Sua média de ganho de peso até agora atingiu algo entre 10 e 14 quilos. Você deveria estar consumindo cerca de 2.400 a 2.800 calorias por dia. Seu corpo está trabalhando pesado agora e necessita de combustível de qualidade. Se você ainda não fez o teste para estreptococos beta-hemolítico (um germe que pode contaminar a bolsa das águas de forma silenciosa), pergunte ao seu médico sobre esse assunto. É também um bom momento para visitar o hospital onde você vai dar à luz.

Sinais de parto

Aqui vão algumas dicas de que o parto está próximo. Você pode não experimentar todos estes sintomas e sinais: esvaecimento cervical (diminuição do tamanho do colo do útero); perda do sinal (rolha de muco); necessidade de limpar tudo (muitas mulheres sentem uma disposição fora do comum antes do início do parto); dilatação da cérvix (o colo está se abrindo); diarreia; contrações (as dores do parto).

O futuro papai

Algumas regras básicas

1. Você vai ficar nervoso ao segurar um ser humano pouco maior que uma bola de futebol, sabendo que ele é o seu filho.

2. Você não vai se afogar ou entrar em asfixia ao trocar as fraldas úmidas do bebê.

3. O vômito do bebê não é lixo tóxico e você não vai morrer envenenado se o bebê regurgitar todo o conteúdo de uma mamada na sua camisa nova.

Falando sério, é muito enervante segurar um bebê se contorcendo, especialmente quando seu pescoço é tão mole! Quanto mais você segurar e manipular seu bebê, mais confortável você vai se sentir. Você deve ser capaz de fazer tudo o que a mamãe faz pelo bebê, menos, é claro, amamentar. Fazendo essas pequenas coisas, você vai desenvolver um vínculo profundo com o bebê e ele se sentirá muito bem com isso.

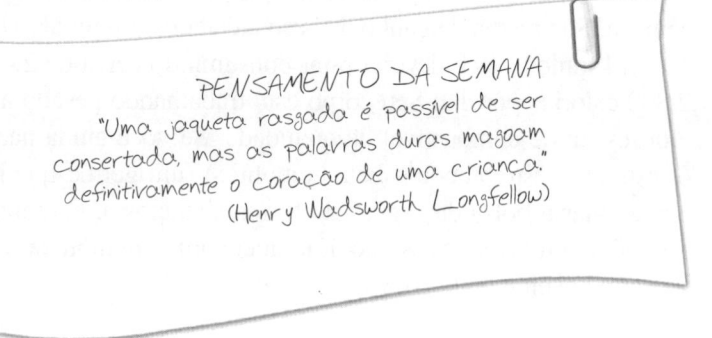

> **PENSAMENTO DA SEMANA**
> "Uma jaqueta rasgada é passível de ser consertada, mas as palavras duras magoam definitivamente o coração de uma criança."
> (Henry Wadsworth Longfellow)

SEMANA 37

O bebê

A partir de 37 semanas, o bebê estará pronto para nascer. Ele pesa cerca de três quilos e mede em torno de 46 cm agora. O corpo está mais arredondado e rechonchudo devido a novos depósitos de gordura, mantendo a temperatura cerca de 1°C acima da temperatura materna. Os intestinos acumulam uma considerável quantidade de mecônio, que é usualmente eliminado logo após o parto. Se o nascimento é prolongado, esse material fecal aparecerá no líquido amniótico. Ele já pratica os movimentos respiratórios e está se preparando para a vida fora do útero. Ele já é capaz de agarrar forte e se virar em direção à luz. A limitação de espaço continua a restringir a movimentação fetal. Os membros estão dobrados e aderidos ao corpo fetal. Os ossos são flexíveis e a ossificação e endurecimento progridem. Ao nascimento, a tíbia (um osso longo da perna) está, em geral, completamente ossificada.

Múltiplos

Os gêmeos são considerados "a termo" com 37 semanas, e o lanugo começa a desaparecer. De acordo com algumas estatísticas, 82% dos gêmeos pesam menos que 3.000 gramas ao nascer.

A futura mamãe

O corrimento vaginal pode estar mais forte agora e parece mais mucoso enquanto o bebê se prepara para nascer. Em que posição ele se encontra? Seja qual for a posição, é assim que ele deverá permanecer até o final da gravidez. Se seu bebê estiver de bumbum, você poderá necessitar de uma cesariana ou seu médico poderá recomendar uma "versão externa", na qual o abdome é manipulado de tal forma a colocar o bebê de cabeça para baixo. Nessa fase, o bebê pode vir a qualquer momento. Sua mala da maternidade está pronta?

O futuro papai

Esteja preparado. Coisas inesperadas podem acontecer durante o parto; assim, tente planejar o máximo possível os eventos de nascimento e seja flexível se algo não acontecer como planejou. Tente ter todos os pequenos detalhes à mão: registro no hospital; rota a seguir e alternativas no caso de congestionamentos; conheça as entradas e estacionamentos do hospital; listas e telefones de quem será avisado; leve uma bateria extra para seu celular; a mala da mamãe e a sua para as necessidades no hospital; assento para crianças dentro do carro; máquina fotográfica; videocâmera etc.

PENSAMENTOS DA SEMANA
"Cada parto é um parto." (Paul Claudel)
"Cada dia é um dia." (Pai ansioso pelo parto)

SEMANA 38

O bebê

O bebê está ganhando cerca de 30 gramas por dia agora. Seus intestinos estão acumulando grande quantidade de mecônio. A circunferência da cabeça e a do abdome têm agora o mesmo tamanho. O peso está acima dos três quilos, e o tamanho próximo de 47 cm.

A futura mamãe

As falsas contrações de parto são muito irregulares, mas podem ser muito dolorosas. Essas dores podem ser sentidas em várias partes do corpo (costas, baixo ventre e bacia).

As verdadeiras contrações de parto começam no fundo do útero e se espalham para baixo, por todo o útero, região lombar e pelve. O verdadeiro trabalho de parto torna-se mais forte e doloroso à medida que progride e não é aliviado por mudanças de posição.

O futuro papai

Você olhou de relance para a mamãe e notou seu perfil, aquela grande barriga... e sentiu-se momentaneamente culpado. Ela está cansada, excêntrica, com tonturas, não pode dormir porque tem de ir ao banheiro a cada 30 minutos, com azia crônica e indigestão, e seu mau humor é um reflexo dos desconfortos tardios da gravidez. Você se sente responsável por tudo? Vamos refletir um pouco. A mãe não pode conceber sem o pai ou vice-versa. A gravidez é uma atuação de equipe. É claro que você não passou por todos aqueles desconfortos físicos, mas fez a sua parte preocupando-se em manter o bem-estar dela. Esteja lá com ela. É tudo o que ela quer. Mostre que seu amor não diminuiu por causa dessas alterações. Você pode ajudar a mamãe a aliviar essa carga final, simplesmente estando a seu lado. Não se sinta culpado; ao contrário, sinta-se um cúmplice dessa trama.

PENSAMENTO DA SEMANA
"O parto é a abertura súbita de uma janela através da qual você olha para um surpreendente projeto." (William Dixon)

SEMANA 39

O bebê

A maior parte do lanugo já desapareceu e o bebê se prepara para nascer em poucos dias. O crânio ainda não é totalmente sólido, apresentando-se mais amolecido nas cinco fontanelas (moleiras), que ainda estão separadas e podem ser apertadas umas contra as outras. O parto pode alongar e moldar a cabeça fetal, uma precaução de segurança para reduzir o diâmetro do crânio, permitindo uma expulsão mais fácil da cabeça, durante a passagem do feto pelo canal de parto, sem provocar danos ao cérebro. Após o parto, a cabeça do bebê retorna à sua forma arredondada. Os olhos ainda não possuem os dutos lacrimais, que aparecem poucas semanas após o nascimento. O tórax é mais proeminente. Os pulmões estão maduros e a produção de surfactante está aumentada para manter os alvéolos abertos. O abdome fetal é grande e arredondado, especialmente devido ao fígado, que ainda produz glóbulos vermelhos. A pele torna-se mais espessada e mais pálida (branca ou rosa azulado) e, a cada dia, o feto ganha cerca de 15 gramas de gordura. Agora ele não pode se mover muito devido à falta de espaço. Pesa em torno de 3.200 a 3.500 gramas e mede entre 48 e 50 cm. Ao nascimento, o cordão umbilical pode medir cerca de 50 a 70 cm de comprimento. O que restou do vérnix, em geral, desaparece, embora possa permanecer até o nascimento.

A futura mamãe

Você está se sentindo pesada e desajeitada? Nos dizeres de uma cliente minha, advogada e grávida pela segunda vez, já no finalzinho da gestação: "Doutor, agora nesse final estou parecendo um baiacu – canelas finas e barriguda". À medida que o bebê desce para a pelve, seu centro de gravidade se desvia, o que pode fazer você perder o equilíbrio; é a descida ou o encaixar do bebê – à medida que vai se aproximando o parto, o bebê vai se encaixando, ou seja, a cabeça – ou a parte que estiver dentro da bacia – vai se amoldando ao trajeto ósseo e muscular da pelve. A boa nova é que o útero já não pressiona tanto o diafragma e fica mais fácil respirar. A notícia ruim é que o útero está pressionando sua bexiga e você precisa correr ao banheiro a todo instante. O útero está cerca de 20 cm acima do umbigo.

O futuro papai

Parabéns! Você já é quase pai e sobreviveu a todos os inconvenientes da gravidez. Você deve estar apreensivo com o que está por vir, mas é assim mesmo. Em poucos dias, você não vai nem se lembrar do que comeu no café da manhã, ou se tomou café da manhã. Deixe essa ansiedade para lá. Aproveite esses últimos momentos com a mamãe, como um casal ou família de três (ou quatro, o que for) e fique na retaguarda para ser um grande pai.

PENSAMENTOS DA SEMANA
"Se a gravidez fosse um livro, cortariam os últimos capítulos" (Nora Ephron)
"A verdadeira humildade consiste em estar satisfeito" (Henri F. Amiel)

SEMANA 40

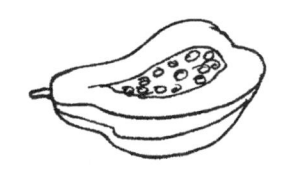

O bebê

A última semana. O bebê pesa em torno de 3.300 a 3.700 gramas e mede cerca de 50 a 51 cm. Nessa fase, a maior parte do vérnix caseoso já desapareceu e 15% do peso do corpo é representado por gordura, 80% dos quais estão sob a pele, os outros 20% estão em torno dos órgãos; além disso, o tórax se expande. No momento do nascimento, o bebê tem cerca de 300 ossos. Alguns deles vão fundir-se com outros mais tarde, e isso explica por que os adultos possuem apenas 206 ossos no corpo. Por exemplo, os ossos do crânio estão quase todos separados, permitindo a presença das moleiras, que deixam o crânio mais elástico, podendo amoldar-se ao canal de parto, ou seja, podendo ser comprimido sem machucar o cérebro. Com o crescimento da criança, esses ossos vão se soldando para constituir a caixa craniana. O osso frontal é inicialmente duplo, para depois constituir um osso único que vai formar a testa. O feto demonstra mais de 70 diferentes sistemas de reflexos comportamentais que são automáticos e não condicionados (não aprendidos), tais como os batimentos cardíacos, a respiração, a produção de hormônios, a digestão etc.; eles são necessários para sua sobrevida.

A futura mamãe

Essa pode parecer uma longa semana. Tenha em mente que a data do parto é só uma estimativa, e que cada bebê nasce no seu devido tempo. Seja boa para com você mesma e tente relaxar. Você não será considerada pós-data a não ser que ultrapasse as 42 semanas de gravidez. Pense na elefanta, que precisa esperar 23 meses! Seu médico pode sugerir a indução do parto se sua gestação tornar-se prolongada. Algumas mães aceitam bem isso e outras tentam evitar. Certifique-se de que o médico conheça os seus desejos.

O futuro papai

É isso aí, papai! Tente dormir um pouco nesses últimos dias, pois você vai necessitar disso antes de se juntar oficialmente ao ranking dos privados de sono. Cada dia a mais agora parece uma eternidade. Cada pontada na barriga é a esperança de que tudo vai começar. Esteja lá, lado a lado com ela.

Parabéns! Você tem sido maravilhoso para ela.

PENSAMENTO DA SEMANA
"Dar à luz é mais admirável que a conquista, mais espantoso que a autodefesa e tão cheio de coragem quanto as duas" (Anônimo)

CHEGOU A HORA "H"
OU MELHOR, A HORA "P" (O PARTO)

Para a maioria dos pais, todas aquelas expectativas adquiridas durante a gestação são resolvidas ao visualizar o bebê nascendo. "Ele(a) se parece com o papai!" "Não, com a mamãe!" "Como ele(a) é lindo(a)!" "Que bebê chorão!"... É um momento mágico. Vocês estão apresentando seu filho ao mundo.

O casal pode estar sentindo medo, apreensão e ansiedade pelo que vai acontecer. "Será que vai dar tudo certo?"... "Meu marido ou minha mãe vão poder entrar na sala de parto?"... "O bebê vai nascer bem?". Na verdade, esses sentimentos são manifestados por todas as grávidas. Não há uma só gestante que vá para a sala de parto totalmente isenta deles. Contudo, se sua relação com o obstetra é firme (foi ele quem a acompanhou desde o início), há grande chance de tudo dar certo. Além do mais, a evolução da obstetrícia moderna oferece muitas ferramentas capazes de fazer com que você perca um pouco esses medos (equipamentos para avaliar o bem-estar do bebê durante o parto).

Nossa recomendação com relação a esse importante momento é que vocês sejam preparados para enfrentá-lo já durante o pré-natal (orientações durante a consulta). Dessa forma, quando chegar a hora "H", ou melhor, a hora "P", não haverá muitas dúvidas e a ansiedade será menor.

Agora, a grande pergunta: "Para que tipo de parto devo me preparar? Cesárea? Normal?", ou seja, "Qual o tipo ideal de parto?". A resposta pode ser fácil ou difícil, dependendo da filosofia do médico e dos desejos do casal. A meu ver, vocês devem se preparar para ambos os tipos, pois uma característica marcante do parto é a sua imprevisibilidade. Portanto, é aconselhável que o médico oriente, durante o pré-natal, sobre os tipos de resolução da gravidez. É lógico que o maior peso sobre a decisão do tipo de parto é do médico. Ele está mais capacitado para dizer o que é melhor para cada momento, de onde se origina uma espécie de lei "cada parto é um parto".

O mais importante é que vocês possam decidir junto com o obstetra qual o tipo de procedimento a ser adotado, e mãos à obra na preparação. Na verdade, o parto ideal não existe, mas, do ponto de vista da relação médico-paciente, o ideal é que o médico faça o tipo de parto de que gosta e no qual tenha experiência e que o casal grávido deseje essa mesma forma de dar à luz. Os problemas em relação ao tipo de parto acontecem quando o casal deseja um tipo e a filosofia do médico orienta outro tipo de parto. Nesse ponto, a resposta para "qual parto fazer" pode ser difícil.

Também considero importante que, tanto para parto normal, quanto para cesárea, o preparo físico e psicológico durante o pré-natal deve ser o mesmo. Não vamos discutir aqui vantagens e desvantagens de um ou de outro tipo de parto. Esse é um debate que deve ser tratado nas consultas com o obstetra. O que preciso deixar claro é que os dois são seguros hoje em dia, principalmente quando realizados com responsabilidade e amor.

Nos casos de gestação múltipla (gêmeos, trigêmeos etc.), a realização do parto cesariano é a regra. Não esqueça que nesses casos é comum o parto começar bem antes da data prevista. Portanto, fique alerta.

PARTO NORMAL

O sinal de parto mais comum e que exige a comunicação ao médico e a internação da gestante é a presença de contrações uterinas regulares e frequentes. De modo geral, isso significa duas contrações com cerca de 60 segundos de duração num intervalo de 10 minutos.

Outro ponto importante é a dilatação do colo uterino. Dilatação acima de 2 cm com afinamento do colo uterino (esses dados são avaliados pelo obstetra durante o exame de toque na admissão da gestante em trabalho de parto) é sinal de que nas próximas 6 a 8 horas o bebê deverá nascer. Assim, a fase de dilatação do trabalho de parto demora cerca de 8 a 12 horas num primeiro parto (no segundo e terceiro partos esse período é bem mais curto). Não se preocupe, portanto, com a rapidez com que o bebê vai nascer. Ele jamais vai escorregar pelas suas pernas abaixo sem que você perceba o que está acontecendo. Como você já sabe que essa é uma fase demorada, procure ficar o mais confortável possível. Muitas mulheres preferem ficar andando, outras, deitadas de lado. Mesmo após o período de dilatação, fase em que os médicos dizem que a paciente está com dilatação total, o bebê pode demorar cerca de 40 minutos até uma hora para nascer. Essa última fase é chamada de período expulsivo do parto. É nesse momento que o bebê faz a sua passagem pelo canal de parto, ou seja, ele sai da parte média da bacia até chegar à abertura da vagina (períneo). Esse trajeto tem a forma de um J e é muito parecido com um "escorregador". Desse modo, o bebê é literalmente empurrado através desse trajeto pelas contrações do útero (que agora acontecem a cada dois minutos) e pela força de expulsão da mãe, através desse trajeto. Quando o bebê começa a forçar a cabeça contra a abertura da vagina dizemos que ele está "coroando". Nesse momento, a mãe sente uma vontade imensa de fazer força para colocar o bebê no mundo. É um ato reflexo. Também é nesse momento que a maioria dos obstetras fazem uma pequena incisão sobre o períneo (episiotomia), para facilitar a saída do bebê e para evitar que a vagina se rompa em vários lugares devido à passagem da cabeça e do corpo dele. Não se preocupe com a episiotomia, pois ela só é realizada mediante a aplicação de uma anestesia local e, nesse momento, ela é indolor.

Com o bebê no colo, o obstetra dá a ele acolhimento. Também, pudera, estava num lugar tão quentinho e tranquilo, e veio para um lugar barulhento e frio. É feita a limpeza de eventuais secreções que o bebê tenha na região da boca e do nariz para que possa respirar de forma adequada. Lembre-se de que nem todo bebê chora na hora que nasce, portanto, se isso não acontecer, não fique achando que houve algum problema. Assim que ele vai para as mãos do pediatra, ele sempre arruma um jeito de fazê-lo chorar. Depois de cortar o cordão umbilical (só assim ele é considerado nascido), passamos o bebê para o pediatra, que vai assegurar o seu bem-estar. O pequeno será apresentado à mamãe e ao papai depois que estiver tudo bem com ele. Alguns médicos já fazem isso antes de o pediatra examinar o bebê. Não há nada de mau nisso, desde que ele esteja respirando e chorando forte.

Você pode optar por um outro tipo de anestesia, denominada anestesia peridural ou anestesia combinada. A indicação para esse tipo de anestesia é a dor das contrações uterinas, que, muitas vezes, são muito fortes, causando constrangimento e medo, o que pode atrapalhar a evolução do parto. Nesses casos, há como aliviar completamente o estado doloroso. Deixe por conta do obstetra, que, em geral, sabe qual é o melhor momento para indicá-la.

Esse momento é maravilhoso e capaz de emocionar as pessoas que estão na sala de parto (inclusive o obstetra, que faz isso todos os dias). A sensação de alívio e alegria é imensa: "Veja, nós somos capazes de gerar um ser humano perfeito". Aliás, essa é a primeira pergunta que os pais fazem. A antiga pergunta, a respeito de ser menino ou menina, tem perdido espaço, pois esse fato já foi antecipado durante o pré-natal.

Segue-se o período de saída da placenta, que pode demorar de 10 a 40 minutos. Logo após, o médico sutura a pequena incisão realizada sobre o períneo, limpa a vagina e o períneo com uma solução antisséptica e fim.

A paciente é observada por um período de cerca de uma hora para que se tenha certeza de que o útero está se contraindo de forma adequada e de que o sangramento advindo da cicatriz da placenta dentro do útero é normal, e então ela é liberada para o quarto, onde poderá ser contemplada com uma verdadeira festa de nascimento. No entanto, procure descansar nas primeiras seis horas após o parto, pois você estará pregada.

PARTO CESÁREO

O parto cesáreo poderá ser realizado a qualquer momento após a maturidade do bebê. Isso acontece, de modo geral, após a 37ª semana de gestação. É comum marcarmos uma hora específica para fazer a cesárea. Outras vezes, ela é realizada na vigência do trabalho de parto. É uma grande dúvida da gestante se, uma vez começado o parto, ainda dá para fazer cesárea. Não se preocupe com esse fato. Contanto que o bebê não esteja nascendo, ainda é possível fazermos a cesárea, desde que indicada. Há também os casos em que a cesárea é marcada e a paciente entra em trabalho de parto antes da data. Também não há problemas com isso. No máximo um contratempo com relação aos horários.

A cesárea é um procedimento cirúrgico que envolve uma incisão no nível do abdome para a retirada do bebê. Essa incisão (o corte) é feita de maneira transversal, dois dedos acima da sínfise púbica, na região dos pelos púbicos. O corte possui, em média, de 10 a 15 cm de extensão e, após algumas semanas, torna-se difícil de ser visualizado, devido ao crescimento dos pêlos pubianos. Como procedimento cirúrgico, a cesárea sempre é precedida de uma anestesia. O tipo de anestesia pode ser peridural (o anestésico é injetado por fora da espinha) ou intradural (o anestésico é injetado dentro da espinha), e é realizada através de uma picadinha nas costas um pouco acima da linha da cintura. Uma pergunta frequente da grávida é: "Qual tipo de anestesia devo tomar?". Qualquer um dos dois tipos de anestesia dá muita segurança ao obstetra para realizar o procedimento sem que a paciente sinta dor. Na realidade, o tipo de anestesia é uma preferência do anestesista. O ideal é que ele aplique a anestesia em que tem mais experiência.

Após a anestesia, a gestante pode ser colocada de barriga para cima. Nesse momento, ela pode estar sentindo as pernas fracas e formigando, ou pode senti-las esquentando – é o efeito do anestésico. Algumas pacientes sentem um pouco de mal-estar nesse momento por causa da posição, já que, de barriga para cima, o útero comprime a veia cava, podendo fazer a pressão cair um pouco. Não se alarme, pois esse estado é passageiro e vai desaparecer assim que o bebê nascer.

Uma vez anestesiada, a pele do abdome é limpa com soluções antissépticas e os campos cirúrgicos são colocados para isolar a região a ser cortada. O obstetra corta a pele, o tecido subcutâneo, a capa dos músculos, os músculos, chegando ao peritôneo (uma membrana que protege o abdome por dentro). Após a abertura do peritôneo da parede abdominal, finalmente é aberto o útero, também de forma transversal. Com o útero aberto, é feito um pequeno furo na bolsa das águas (se ela já não houver se rompido) para escoar o líquido que envolve o bebê. Depois, coloca-se a mão (ou uma válvula especial) entre a parte do bebê que vai sair (cabeça, se o bebê estiver de cabeça para baixo, ou bumbum, se o bebê estiver sentado) e o útero aberto, para fazer com que a cabeça (ou bumbum) vá escorregando em direção à abertura feita anteriormente, enquanto pressiona-se o fundo do útero para empurrar o bebê para fora. Na verdade, ele faz um trajeto semelhante ao trajeto em J do parto normal ao sair pelo corte da cesárea.

Assim que nasce, o bebê é acolhido pelo obstetra e os mesmos procedimentos já discutidos em "parto normal" são realizados com o bebê. É feita a retirada manual da placenta, a limpeza da cavidade uterina e, em seguida, suturam-se (fecham-se) todas as camadas abertas para chegar até o útero.

A cesárea é um procedimento que demora cerca de uma hora. Depois dela, também há um período de observação de uma hora antes de a paciente ir para o quarto. Devido aos novos tipos de anestesia e às novas drogas para controle da dor (por exemplo, o uso da morfina no espaço dural ou peridural), há necessidade de colocação de uma sonda na bexiga, pois, por um período de 12 horas, é provável que a paciente não consiga urinar espontaneamente.

Por outro lado, o desconforto da sonda é superado pela quase ausência de dor nas primeiras 24 horas pós-cesárea. É muito importante que você descanse nas primeiras seis horas pós-cesárea, mas pode haver uma grande festa esperando por você no seu quarto...

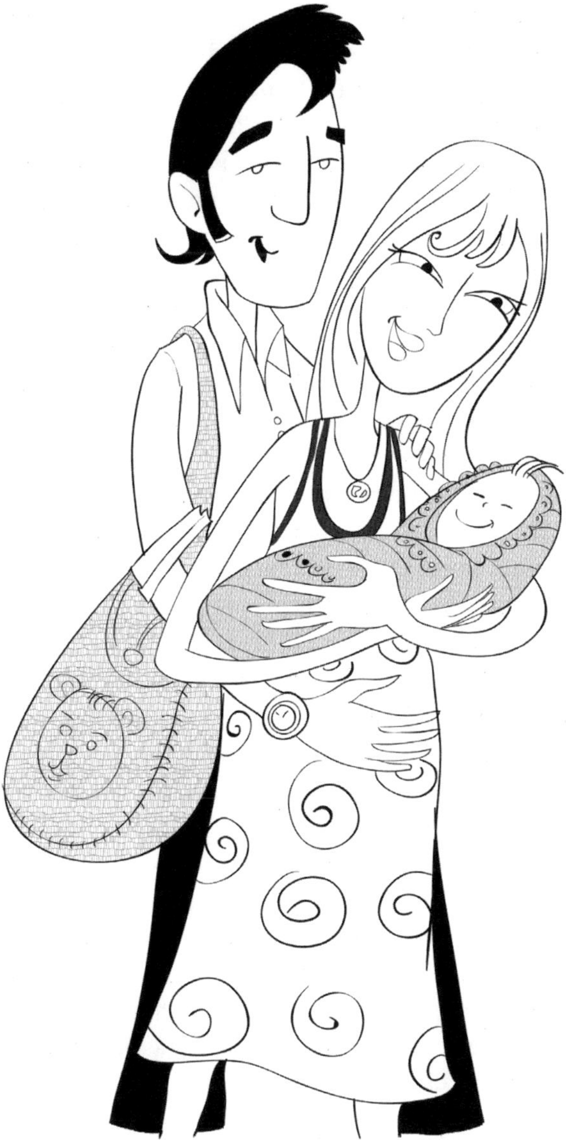

CUIDADOS PÓS-PARTO

As principais dúvidas das mães
(e dos pais também)

O bebê já está em seus braços. Foi um tempo de preocupações, incertezas, mas de muita alegria. Uma alegria que agora se multiplica milhões e milhões de vezes com o nascimento. Mas alguns cuidados ainda são necessários no período que nós, médicos, chamamos de puerperal, com algumas importantes mudanças físicas que podem inclusive afetar o lado emocional. O puerpério é o período de seis semanas seguintes ao parto. Grande parte das alterações provocadas pela gravidez regride na maioria dos sistemas orgânicos do corpo. Podemos dividir esse período em: 1. Puerpério Imediato – as primeiras 24 horas; 2. Puerpério Precoce – a primeira semana; e 3. Puerpério Remoto – as cinco semanas seguintes (na verdade, essa é uma divisão apenas didática, pois as regressões das modificações que a gravidez provocou no corpo levam cerca de seis meses para ocorrer por completo). É uma fase cheia de dúvidas. Veja algumas delas e as respostas.

1. Qual deve ser o tempo de internamento?
Depende do tipo de parto.
NORMAL: alta em 24-48 horas.
CESÁREA: 48-72 horas.

A alta hospitalar é dada quando a paciente está em condições de andar sem apoio, com intestino e bexiga funcionando sem problemas.

As condições de alta dependem também das perdas sanguíneas durante o parto. A grávida está preparada para perder até 1.500 ml de sangue sem problemas. Isso acontece devido a todo aquele aumento de volume sanguíneo que aconteceu durante a gestação. As perdas normais são: durante o PARTO NORMAL = 400 a 600 ml; durante a CESÁREA = 800 a 1.000 ml.

2. Como serão as minhas reações emocionais? E a depressão pós-parto?

Primeiramente, vem o alívio com o êxito do parto. Depois, chega a vontade de se relacionar com o recém-nascido. Em seguida, sensação de insegurança e, algumas vezes, um certo grau de depressão, causada pela impressão de que você nada sabe sobre como cuidar do novo ser que agora está fora do útero e totalmente dependente de sua presteza e de seu amor.

DEPRESSÃO PÓS-PARTO

Para falarmos desse assunto, veja o relato de um caso:

Quando minha filha nasceu, foi o momento mais feliz da minha vida. Tudo era perfeito. No entanto, sem nenhuma razão, fiquei muito triste. Perdi minha energia e sentia que tudo que acontecia era por minha culpa. Eu ficava me perguntando: "Por quê?". Eu me sentia uma tola tendo esses sentimentos e não queria que ninguém soubesse, pois pensava que poderia resolver isso por mim mesma. Alguma coisa dentro de mim estava acontecendo e eu não podia controlar. Eu não queria ter esses sentimentos, mas eles vinham quando eu menos esperava. Por dentro eu dizia: "Desista. Você não vai conseguir ser aquela mãe que você imaginava". Esses pensamentos me aterrorizavam e eu balançava a cabeça e dizia: "Que diabos você está dizendo? Isso não é o que você quer". Mas eu sentia que nada me dava forças e que nunca mais eu seria a mesma de antes. Fiquei com muito medo de estar prejudicando minha filha. Eu permanecia em silêncio por estar me sentindo envergonhada, culpada e isolada. "Eu sinto que vou ficar louca." Mas eu realmente precisava de ajuda para me recuperar. Eu não podia fazer isso por mim mesma.

Essa narrativa revela a complexidade pessoal e clínica da depressão pós-parto. O termo mais usado para descrever esse mal pós-parto – <u>depressão</u> – tem sido aplicado indevidamente tanto para formas de depressão leves e temporárias, que são muito comuns nos primeiros dias pós-parto, bem como para reações psicóticas mais severas, que são mais raras. A síndrome é caracterizada por sentimentos de tristeza na nova mãe. Há instabilidade emocional extrema, irritabilidade, fadiga e choro fácil.

Apesar do aumento do número de pesquisas nessa área, pouco se sabe a respeito do meio social que envolve o parto e o nascimento, especialmente quando a mãe deixa o hospital. Nos dias de hoje os casais estão mais isolados da família, principalmente os que moram em grandes cidades. É possível que a falta de apoio familiar, no sentido de ajudar a nova mãe efetivamente (trocar fraldas, cuidar da casa, cuidar do bebê enquanto a mãe descansa um pouco etc.), seja um dos principais desencadeadores da depressão pós-parto.

O tipo mais comum de depressão pós-parto é denominado "Baby Blues" ou "Blues Pós-Parto" ou Distúrbio Afetivo Transitório Menor – o nome mais comumente usado para descrever a instabilidade emocional e o choro que ocorrem durante a primeira semana pós-parto. Na descrição dos sintomas estão incluídos o choro prolongado, irritabilidade, noites maldormidas, alterações de humor e um senso de vulnerabilidade que pode continuar por várias semanas. O "Baby Blues" transitório tem um início súbito e rápido, em geral, um a três dias após o parto. As taxas de incidência variam de 500 a 800 casos por 1.000 partos (50 a 80%), dependendo dos critérios diagnósticos. Portanto, se você ficar chorosa e triste a partir do terceiro dia pós-parto, não fique decepcionada, pois isso é muito comum e, em geral, passageiro. No entanto, se <u>as seguintes queixas continuarem</u>, ajuda profissional deve ser procurada: piora dos distúrbios do sono, problemas alimentares, aumento da intensidade e duração dos sentimentos depressivos, isolamento social e retraimento ou falta de interação com o novo bebê. Esses sintomas refletem a falta de ajuda, conhecimento e informação que muitos pais relatam, quando comparados a indivíduos pertencentes a culturas rurais com famílias grandes. No meio rural, as famílias moram muito próximo e há sempre a mãe, a tia, a prima e vários outros amigos para ajudar a nova mãe.

Apesar de tratáveis, muitas mulheres com depressão pós-parto não reconhecem que estão doentes. Um estudo em mulheres deprimidas pós-parto mostrou que cerca de 90% achava que algo estava errado, no entanto, menos de 20% delas relataram seus sintomas a algum provedor de saúde. Dessa amostra, somente 1/3 das pacientes acreditava que estava com depressão pós-parto. De acordo com alguns pesquisadores do assunto, estima-se que cerca de 20% das mulheres com a doença recebem tratamento psicológico especializado. O restante dos indivíduos afetados permanece sem diagnóstico, têm um diagnóstico equivocado ou não procuram assistência profissional especializada.

3. Em quanto tempo eu posso levantar e andar?

Devemos estimular a puérpera (as mães, por favor, me desculpem pelo uso dessa palavra feia, mas ela designa a mulher que acabou de dar à luz) a se levantar precocemente de seu leito, se houver condições, 6 horas após o parto normal e 12 horas após a cesárea. Andar precocemente melhora o funcionamento dos intestinos e da bexiga e evita complicações tromboembólicas, ou seja, a coagulação do sangue dentro das veias, o que pode acontecer principalmente nas pernas.

Um inchaço nas pernas, principalmente do lado esquerdo, é comum nos primeiros dias pós-parto. Isso se deve à redistribuição dos líquidos contidos na placenta. É como se parte desse líquido fosse armazenado de forma temporária nas pernas. Deitar com as pernas elevadas pode ajudar a diminuir esse tipo de problema.

4. Em quanto tempo o intestino volta ao normal?

É normal uma certa demora do funcionamento intestinal, particularmente após a cesárea, quando uma pequena quantidade de sangue que fica dentro do abdome dificulta o peristaltismo ou a movimentação dos intestinos. Assim, uma dieta rica em fibras e alguns laxativos leves serão utilizados nos primeiros três dias.

5. E a bexiga?
Urinar se torna impossível após anestesia (primeiras 12 a 24 horas). Por isso, utiliza-se sonda vesical (na bexiga) de demora (que fica por algum tempo) após a cesariana. Às vezes, mesmo depois que se retira a sonda (12 horas após a intervenção), há certa dificuldade em se obter a primeira micção. As primeiras micções podem também ser dolorosas.

6. Como deve ser a higiene?
Assim que a puérpera se levanta, deve tomar um banho.
O fato de lavar a cabeça não afeta a evolução saudável do puerpério.

7. Quais os cuidados com os curativos?
São retirados 24 horas após o parto, no caso de cesárea. Podem ser molhados durante o primeiro banho, desde que depois sejam trocados. Após o segundo dia, mantemos o corte descoberto, sem necessidade de curativos. A episiotomia (corte realizado no períneo para facilitar a expulsão fetal durante o parto normal) requer apenas limpeza com água e sabonete durante o banho. Nos casos de dor e ardência – que são frequentes – usamos alguns antissépticos e analgésicos em forma de "spray", o que promove alívio.

8. Existem exercícios específicos a serem feitos no pós-parto?
Sugestões práticas de exercícios durante a gravidez e o pós-parto.
Objetivo: visam tonificar os músculos da região lombar, assoalho pélvico e abdome.
Pós-PARTO NORMAL: começam após a sexta semana.
Pós-CESÁREA: começam após a oitava semana.
Você pode continuar fazendo exercícios de relaxamento ou caminhadas leves a qualquer momento após um parto normal. Contudo, é uma boa conduta dar a seu corpo o devido descanso e um tempo para recuperação antes de reiniciar um programa

de ginástica. Usualmente, seis semanas é o tempo que se espera para uma boa recuperação do corpo, se você teve um parto vaginal sem complicações. Se houve complicações, ou muitas suturas perineais, você poderia esperar um pouco mais. Se você se sente pronta para reiniciar seus exercícios antes de seis semanas, discuta o assunto com seu médico.

Em caso de cesariana, o tempo de espera deve ser maior, ou seja, acima de 60 dias após o parto. Esteja sempre em contato com seu médico sobre seu progresso ao iniciar um programa de ginástica após a cesariana.

Se recomeçar um programa de ginástica significa retornar à natação, converse com seu médico. As incisões e suturas podem não estar bem cicatrizadas, e a água da piscina possui agentes químicos e bactérias que podem ser prejudiciais. Queremos salientar que há muitos outros tipos de exercícios e alongamentos que podem ser praticados na gestação e pós-parto e que as informações a seguir não substituem as recomendações do seu médico. Consulte-o sempre que for iniciar qualquer programa de exercícios físicos. Queremos dizer também que as sugestões abaixo não substituem a presença do fisioterapeuta e, na verdade, devem ser seguidas ao lado dele, até que você se sinta segura de estar fazendo os exercícios e alongamentos de modo correto. FAZER OS EXERCÍCIOS DE FORMA INCORRETA, ALÉM DE NÃO AJUDAR, PODE PROVOCAR PROBLEMAS FÍSICOS. Os exercícios abaixo podem ser feitos também durante a gestação.

Sugestão I
(para as primeiras semanas)

Exercícios aeróbicos
Há vários tipos de atividades aeróbicas para escolhermos durante o pós-parto. Se você não praticava exercícios regularmente antes de engravidar, caminhar, então, será a sua melhor escolha para iniciar o programa de ginástica. Comece caminhando a passos rápidos por 20 minutos, três vezes por semana. Além disso, você pode incluir cinco minutos de aquecimento (caminhando a passos mais lentos) e cinco minutos de relaxamento no final da caminhada (também caminhando a passos mais lentos). Quando você se sentir mais forte e disposta, aumente os passos da sua caminhada, aumente a duração e/ou o número de aclives em seu trajeto. Trabalhe para fazer a caminhada gradualmente a passos mais rápidos, durante 30 minutos, num terreno relativamente inclinado.

Sugestão II
(após 8 semanas)

Exercícios aeróbicos
Se você praticava exercícios regularmente antes ou durante a gravidez, então você tem várias opções de exercícios

aeróbicos para fazer. A esteira é um aparelho ideal para gestantes porque, dependendo de como você está se sentindo em determinado dia, você pode ajustar a altura da esteira para compensar. Nos dias de pouca energia, use uma esteira com inclinação de 10 cm (ou sem inclinação alguma). Nos dias de alta energia, aumente a inclinação para 15 a 20 cm. Certifique-se de que a frequência cardíaca atingida esteja dentro das 120-140 batidas por minuto. Faça algumas paradas para ingestão de uns goles de água e para manter a temperatura do corpo dentro de um padrão recomendado, e não vá até o ponto de exaustão. Cerca de 20 a 25 minutos de esteira são suficientes para alcançar os benefícios do treinamento aeróbico sem nenhuma sobrecarga.

Treinamento de força
Força abdominal é a chave de uma boa forma no pós-parto e na gestação. Para trabalhar efetivamente todo o abdome, coloque-se de quatro, apoiada sobre os antebraços e joelhos, com os músculos abdominais, do assoalho pélvico e das nádegas relaxados. Expire enquanto contrai o abdome, retraindo o umbigo em direção às costas, e inspire enquanto solta o abdome. Concentre-se em contrair apenas os músculos abdominais, sem contrair a musculatura do assoalho pélvico ou os glúteos. Você pode trabalhar os músculos oblíquos (os músculos abdominais que correm diagonalmente através do seu tronco), começando deitada de lado com os joelhos dobrados num ângulo de 45°. Expire enquanto ergue a cabeça e a caixa torácica em direção ao osso do quadril, comprimindo a linha da cintura, e inspire enquanto volta para a posição inicial.

Treinamento de flexibilidade
Esses exercícios são para o abdome e para a região lombar. Volte à posição de quatro. Afaste os joelhos além da linha dos quadris e estenda seus braços sobre a cabeça, no chão. Inspire profundamente e, enquanto expira, empurre os quadris para trás, deixando o peso do abdome soltar-se sobre suas costas,

sentindo o alongamento através do tronco. Continue respirando enquanto mantém o alongamento por alguns segundos. Retorne à posição inicial e inspire profundamente. Enquanto expira, curve suas costas para cima, como um gato, inclinando a bacia para a frente, e sinta o alongamento em sua região lombar. Continue respirando enquanto mantém esse alongamento por alguns segundos.

Sugestão III
(para iniciantes e praticantes, após 8 semanas)

Exercícios aeróbicos
Nadar é uma maneira fantástica de manter a forma no pós-parto e na gestação. Você não só vai fazer exercício aeróbico como também vai "dar um tempo" para suas articulações amolecidas, estando dentro da água.

Você pode usar a água de diversas maneiras como parte de seu programa de hidroginástica. Primeiramente, algumas braçadas em ritmo moderado aumentarão sua capacidade aeróbica. Tente nadar por 30 minutos, o que inclui cinco minutos de braçadas lentas para aquecer e outros cinco minutos no final para relaxar. Outra opção é juntar-se a uma classe de hidroginástica, desde que o instrutor saiba que você está ou esteve grávida e modifique alguns exercícios para adequá-los ao aumento das suas mamas e abdome. Deixe-nos enfatizar a importância de você "ouvir" o seu corpo enquanto estiver na água. Esta tende a deixar seu corpo mais frio enquanto você se exercita do que quando pratica ginástica fora dela. Assim, você pode não se dar conta dos sintomas iniciais de desidratação ou excesso de exercícios. Você necessita beber bastante líquido durante seu trabalho na água, para manter a temperatura de seu corpo dentro dos limites seguros. É necessário também prestar muita atenção no nível de cansaço – se você não pode manter uma conversa confortável enquanto se exercita, então está treinando muito forte e precisa diminuir o ritmo.

Treinamento de força
Vamos nos ater à coluna torácica e tórax. Se você tem uma prancha, leve-a para dentro da água. Fique de pé, com os pés um pouco afastados da linha dos quadris, joelhos ligeiramente dobrados, abdominais contraídos, imersa em água até os ombros. Segure a prancha na sua frente, ao nível do tórax, sob a superfície da água. Seus cotovelos devem estar dobrados dos lados, paralelos aos ombros, e suas mãos afastadas dos ombros. Enquanto você expira, estenda os braços, empurrando a prancha para a frente e contraindo o tórax ou os músculos peitorais. Inspire enquanto puxa a prancha de volta à posição inicial, contraindo a coluna torácica. Tente fazer três sessões de 8 a 12 repetições, descansando por 30 segundos a 1 minuto entre elas.

Treinando a flexibilidade
Após completar o exercício acima, entre em água rasa, até a cintura. Para alongar seu tórax, entrelace suas mãos atrás de suas costas com as palmas viradas para o corpo. Inspire profundamente e, enquanto expira, levante lentamente os braços atrás de você. Puxe seus ombros para trás e para baixo e imagine-se estufando o peito. Mantenha essa posição por 20 segundos enquanto continua a respirar. Lentamente, abaixe os braços. Para alongar a coluna torácica, inspire enquanto estende os braços por cima de sua cabeça. Entrelace suas mãos com as palmas voltadas para o fundo da piscina. Enquanto expira, lentamente empurre suas costas para a frente, trazendo seus braços para a frente do peito. Deixe seu queixo repousar sobre seu peito. Continue respirando enquanto mantém o alongamento. Lentamente, retorne a uma posição ereta, trazendo sua cabeça para cima para evitar vertigens.

Sugestão IV
(para as mais ousadas e praticantes assíduas)

Exercícios aeróbicos
Pedalar é uma fantástica maneira de aproveitar as mudanças do tempo enquanto você pratica exercício aeróbico. Se você for

andar de bicicleta, use sempre um capacete protetor. Também tenha cuidado com o trânsito e use todos os sinais manuais apropriados. Se você planeja pedalar sozinha, assegure-se de que alguém conheça o seu trajeto. Dependendo do seu grau de treinamento, você pode escolher um caminho plano ou um que tenha inclinações. Carregue sempre uma garrafa de água e tome alguns goles com frequência. Comece com um ritmo lento para aquecer seu corpo, por cinco a dez minutos, aumente o ritmo durante cerca de 20 minutos e, então, vá diminuindo lentamente nos últimos cinco a dez minutos para relaxar.

Treinamento de força
Já que a parte inferior do seu corpo foi bem trabalhada durante a bicicleta ou a caminhada, vamos concentrar o treinamento de força na parte superior do corpo. Vamos treinar o bíceps e o tríceps (músculos dos braços). Se você possui aqueles pesos de mão (não superiores a meio quilo cada), agora é uma boa hora de colocá-los em uso. Se você não tem esses pesos, vá até sua despensa e arranje um par de latas de extrato de tomate ou similar para usar como peso.

    Comece em pé, com seus pés um pouco afastados da linha dos quadris (estique os dedos dos pés dentro dos sapatos para ter uma boa base de sustentação, o que ajuda a compensar a mudança do seu centro de gravidade). Seus joelhos devem estar ligeiramente dobrados e seus músculos abdominais contraídos. Pegue um peso em cada mão com as palmas viradas para cima. Lentamente, levante os pesos em direção a seus ombros, contraindo o bíceps até o final. Volte as palmas das mãos para baixo enquanto você, lentamente, abaixa os pesos para a posição inicial, contraindo a parte de trás dos braços (tríceps). Volte as palmas das mãos para cima e repita toda a sequência de 8 a 12 vezes.

Treinamento de flexibilidade
Para alongar o bíceps e o tríceps, comece por entrelaçar as mãos atrás de suas costas com as palmas voltadas para o seu corpo.

Lentamente, levante os braços por trás de suas costas enquanto retrai os ombros para trás e para baixo, sentindo esticar os braços e o tórax. Mantenha essa posição, contando até dez enquanto continua respirando e, então, abaixe os braços lentamente. Em seguida, inspire enquanto levanta ambos os braços para cima de sua cabeça. Expire enquanto dobra o cotovelo direito, estendendo a mão direita por trás de sua cabeça até alcançar o ombro esquerdo. Você pode sustentar seu cotovelo direito com a mão esquerda, se isso for mais confortável. Mantenha o alongamento contando até dez e, então, repita toda a sequência com o braço esquerdo.

9. Como deve ser a minha dieta?

Deve conter, no mínimo, 2.600 calorias/dia.

A puérpera deve ingerir boa quantidade de líquidos, o que deve ajudar na produção do leite.

Nos primeiros dois meses após o parto, o esquema alimentar deve se manter no mesmo ritmo da gestação, com um acréscimo de cerca de 400 calorias/dia, em virtude da produção do leite.

10. Quando voltar ao médico?

A paciente que amamenta não terá suas menstruações regulares e, com muita frequência, terá ausência delas. Naquelas que não estão amamentando, a primeira menstruação poderá vir logo após a sexta semana pós-parto. Desse modo, é após 40 dias que a primeira revisão médica do parto deve ser feita. Nos casos de cesariana é aconselhável uma revisão dez dias após a retirada dos pontos (que é feita uma semana após a intervenção).

11. Em quanto tempo o útero volta ao normal?

De modo geral, seis semanas é tempo suficiente para que o útero volte ao tamanho e peso normais. No primeiro dia pós-parto ele já se encontra na cicatriz umbilical e, após dez dias, ele está na sínfise púbica (ao nível do osso púbico, logo acima dos pelos pubianos).

A cicatriz da área de inserção placentária dentro do útero (área que sangra) é responsável pela presença de um constante fluxo de líquidos através da vagina no período puerperal, denominados lóquios. No início, os lóquios são vermelhos (rubros), depois vermelho-claros e, a seguir, amarelados, cessando após a sexta semana. Portanto, nas primeiras duas a três semanas é normal apresentar um sangramento semelhante ao da menstruação, que depois vai se tornando claro e amarelado, até cessar.

É comum nos dois ou três dias que se seguem ao parto a presença de cólicas, principalmente durante a amamentação, que são a tradução de contrações vigorosas do útero, com o intuito de acelerar a involução desse órgão.

12. E o meu peso? Em quanto tempo volto ao peso com que engravidei?
Um ganho de peso de 9 a 10 kg durante a gravidez está relacionado à retenção de água. É normal uma perda de 5,5 kg logo após o parto devido à saída do feto, placenta, líquido amniótico e involução uterina. Outros 4,5 kg são eliminados nas seis semanas seguintes, sendo cerca de 1,5 kg na primeira semana pós-parto e 3,0 kg nas outras cinco semanas. Assim, esses 9 a 10 kg serão sempre perdidos, porque correspondem ao acúmulo de água durante a gestação. O peso que ultrapassar esses 10 kg será o restante que você poderá perder durante o período de amamentação, ou seja, nos primeiros seis meses.

13. Como eu faço para amamentar o bebê?
Depende de motivação e aprendizado adequado.

A mama é preparada durante toda a gravidez para produzir leite em quantidade suficiente para o recém-nascido. Vários hormônios estão envolvidos no desenvolvimento e crescimento mamário, bem como na elaboração e ejeção do leite.

Os principais hormônios são produzidos pela hipófise (ocitocina e prolactina); eles atingem a corrente sanguínea e vão atuar sobre a mama na produção e na liberação do leite.

A sucção é necessária tanto para produção quanto para a ejeção do leite. É ela que mantém os níveis de prolactina adequados para que se dê a síntese do leite – essa suspensão de proteínas e gorduras em solução de açúcar (lactose) e sais de sódio. Cerca de 90% da composição do leite corresponde a água.

O volume de leite produzido é variável de mãe para mãe. Sabemos que quanto mais o bebê suga, mais leite é produzido. Nos primeiros dois dias após o parto só é produzido o colostro (secreção pré-láctea rica em proteínas e anticorpos), de cor amarelada, que é suficiente para manter as condições de nutrição do bebê, até que ocorra a apojadura ou descida do leite propriamente dito. Essa descida do leite acontece, em geral, dois a cinco dias após o parto. Não se preocupe com essa demora, pois o bebê nasce com reservas energéticas suficientes para aguentar até a vinda definitiva do leite. É por esse motivo que o bebê perde até 10% de seu peso de nascimento nesse período. O volume de leite aumenta gradativamente, de 120 ml no segundo dia,

170 ml no terceiro dia, 240 ml no quarto dia para cerca de 300 ml por dia a partir do quinto dia do período puerperal. Podemos calcular a quantidade de leite produzido por dia multiplicando-se o dia pós-parto por 60. Dessa forma, 15 dias após o parto, a produção do leite estará em torno de 900 ml por dia (15 x 60). Portanto, são necessários 14 a 15 dias para que essa produção seja regular e constante.

TÉCNICA DE AMAMENTAÇÃO

Ambiente calmo e mãe tranquila.

Posição confortável da mãe e do bebê – em geral, sentada em cadeira com encosto na vertical e o bebê deitado em ângulo de 45 graus com o plano horizontal, apoiado sobre os braços da mãe.

Faça higiene das mãos e dos mamilos.

Cada mama deve ser sugada por, no máximo, 15 minutos – em cinco minutos, o bebê é capaz de esvaziar 80% do leite de uma mama.

Antes de oferecer o mamilo, faça compressão e expressão da área periareolar, para que saia o colostro, que o bebê deve provar, facilitando a sua sucção.

Mantenha a criança acordada durante o ato.

Introduza o mamilo bem profundamente na boca do bebê – ele deve abocanhar toda a região areolar.

Lembre que durante a sucção o bebê também "morde" a região imediatamente atrás do mamilo – área onde se encontra uma espécie de pequena bolsa que acumula o leite que vem pelos dutos (canais) mamários a partir dos ácinos (glândulas de leite). Dessa forma, o leite é "esguichado" dentro da garganta do recém-nascido e depois deglutido.

Antes de remover o bebê do seio, abra suavemente a boquinha dele – para evitar o efeito de vácuo, que pode provocar rachaduras do mamilo.

Lembre-se de que esse é um momento não só de alimentação, mas também de carinho e amor.

NECESSIDADES NUTRICIONAIS BÁSICAS DURANTE A GRAVIDEZ E A LACTAÇÃO

CÁLCIO

O cálcio é um mineral essencial. As necessidades de cálcio aumentam cerca de 50 a 60% durante a gravidez, sendo maiores nos últimos trimestres. Durante a amamentação, há tendência à descalcificação dos ossos em virtude da produção do leite para o bebê e do aumento de um hormônio chamado prolactina. As principais fontes de cálcio são o leite e derivados, salmão e sardinha enlatados (com ossos), verduras de folha verde-escuro, tofu, feijão-verde e queijos. A porcentagem de cálcio absorvida depende das necessidades do corpo. A lactose (açúcar do leite) e as proteínas ajudam na absorção de cálcio.

Principais funções do cálcio no corpo: forma e mantém os

ossos e dentes fortes, ajuda a regular os batimentos cardíacos e a contração muscular, é necessário para a coagulação adequada do sangue, ajuda na regulação da pressão sanguínea e no equilíbrio da água intracelular.

Necessidades diárias da grávida: 800 mg por dia no primeiro trimestre; 1.300 mg por dia no segundo e terceiro trimestres.

AS MELHORES FONTES DE CÁLCIO

ALIMENTO	QUANTIDADE DE CÁLCIO (MG)
LEITE DESNATADO	1 COPO = 580
SARDINHAS COM OSSOS	100 GRAMAS = 400
IOGURTE	1 COPO = 272
NABO (CÓZIDO)	1 COPO = 252
LEITE INTEGRAL	1 COPO = 238
MANTEIGA	1 COPO = 232
SALMÃO COM OSSOS	100 GRAMAS = 185
QUEIJO COTTAGE	1/2 COPO = 160
BRÓCOLIS	1 PÉ = 158
AMÊNDOAS	50 GRAMAS = 132
QUEIJO TIPO CHEDDAR	1 FATIA DE 15 G = 129
TOFU	100 GRAMAS = 128
FEIJÃO-PRETO	1 COPO = 105

FERRO

O ferro é um mineral essencial. Suas principais fontes na dieta são o fígado, rins, carne vermelha, ovos, ervilhas, vegetais de folhas verde-escuro, pães e cereais enriquecidos.

O ferro de origem animal é mais bem absorvido que o de origem vegetal. Para melhorar a absorção do ferro de origem vegetal, coma alimentos ricos em vitamina C durante o mesmo período de ingestão desse tipo de ferro.

Principais funções no corpo: essencial na formação da

hemoglobina (que carrega o oxigênio no sangue) e da mioglobina (que carrega oxigênio nos músculos); faz parte de várias enzimas e proteínas.
Necessidades diárias da grávida: 30 a 40 mg por dia.

AS MELHORES FONTES DE FERRO

ALIMENTO	QUANTIDADE DE FERRO (MG)
FÍGADO DE PORCO COZIDO	100 G = 30
CEREAIS 100% ENRIQUECIDOS	3/4 DE COPO = 18
TRIGO COZIDO	1/2 COPO = 9
FÍGADO DE GALINHA	100 G = 8
SUCO DE AMEIXA-PRETA	1/2 COPO = 5,3
FEIJÃO-PRETO	1 COPO = 5
ESPINAFRE COZIDO	1 COPO = 4,3
OSTRAS	4 UNIDADES = 3,6

FOLATO (ÁCIDO FÓLICO)

O folato é uma vitamina hidrossolúvel do complexo B. As principais fontes na dieta são os vegetais de folhas verdes, carnes, aves, frutos do mar, legumes, sementes, pão integral e cereais.

A necessidade de folato durante a gravidez é maior. Como a maioria das vitaminas hidrossolúveis, o excesso ingerido é excretado, não é armazenado no organismo. O folato é sensível ao calor, oxigênio e luz UV. Por isso, sua concentração diminui em alimentos cozidos.

Principais funções no corpo: importante na síntese de DNA e atua em conjunto com a vitamina B12 na formação das células vermelhas do sangue. Ingerido entre a 4ª e a 9ª semanas de gestação, ou mesmo antes da gestação, pode prevenir

malformações abertas do sistema nervoso central (como a espinha bífida, por exemplo).
Necessidades diárias da grávida: 800 a 1000 microgramas por dia.

AS PRINCIPAIS FONTES DE FOLATO

ALIMENTO	QUANTIDADE	MICROGRAMAS
FÍGADO DE GALINHA	100 G	700
LEVEDURA DE CERVEJA	1 COLHER DE SOPA	313
FEIJÃO-PRETO COZIDO	1 COPO	256
BIFE DE FÍGADO	100 G	200
ASPARGOS COZIDOS	1 COPO	172
NABO COZIDO	1 XÍCARA	170
ESPINAFRE COZIDO	1 XÍCARA	109
ERVILHAS COZIDAS	1 XÍCARA	101
SOJA	1/4 DE XÍCARA	90
SEMENTES DE GIRASSOL	1/4 DE XÍCARA	82
BRÓCOLIS COZIDO	1 XÍCARA	62

PROTEÍNAS

Na mulher grávida, as proteínas são necessárias para a reposição da quantidade perdida na decomposição continuada que ocorre nos tecidos dos vários órgãos do corpo e para a formação dos diversos órgãos do bebê, bem como da placenta e das membranas que a envolvem. Desse modo, uma quantidade de cerca de 40 gramas por dia é suficiente para esses requerimentos. Durante a lactação, em função do leite produzido para o bebê (cerca de 900 ml por dia), a necessidade passa a ser de 50 gramas por dia, ou seja, um acréscimo de 10 gramas ao dia. As principais fontes de proteínas são: carne magra, leite e derivados e soja.

VITAMINAS E SAIS MINERAIS ESSENCIAIS

As vitaminas e os sais minerais são encontrados em quantidades suficientes na dieta normal. Suas principais fontes são as frutas, legumes e verduras. A tabela abaixo mostra as necessidades diárias desses micronutrientes.

	GESTANTES	LACTANTES
FÓSFORO (MILIGRAMAS/DIA)	1.200	1.200
IODO (MICROGRAMAS/DIA)	125	150
MAGNÉSIO (MILIGRAMAS/DIA)	450	450
ZINCO (MILIGRAMAS/DIA)	20	25
VITAMINA A (MICROGRAMAS/DIA)	750	1.200
VITAMINA C (MILIGRAMAS/DIA)	50	50
TIAMINA (MICROGRAMAS/DIA)	1	1
RIBOFLAVINA (MILIGRAMAS/DIA)	1,3	1,7
NIACINA (MILIGRAMAS/DIA)	17	18
VITAMINA B12 (MILIGRAMAS/DIA)	3	3

Obs.: a maioria dos obstetras orienta a suplementação vitamínica durante a gestação e a lactação. Isso é feito através de comprimidos ou drágeas de polivitamínicos especificamente preparados para a gestação e lactação. Contudo, esses suplementos, como o próprio nome diz, não substituem uma boa alimentação.

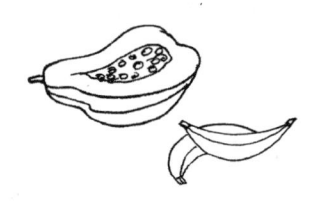

FIM? NÃO, APENAS MAIS UM COMEÇO

Após todos esses meses de espera, aí está ele. A felicidade é indescritível, e a realização, imensa. Agora é hora de aprendermos e trabalhar juntos – papai, mamãe e família – ao cuidar dessa nova vida que depende de nós. Estaremos fazendo com ele, aqui fora, o que a placenta fazia dentro do útero (alimentação e acolhimento).

A responsabilidade aumentou. Algumas mudanças já começam a acontecer naturalmente. Nosso sono, que antes era tranquilo, passa a ser interrompido por um chorinho, que é mais uma música diferente, nunca ouvida antes, do que propriamente um incômodo. Na verdade, a única forma de comunicação do seu pequeno príncipe ou princesa é o choro. Se ele desse risadas, em vez de chorar, não despertaria tanto a sua atenção. Desse modo, não esquente a cabeça com o choro do bebê, pois tudo se passa como se ele estivesse se comunicando. Ele chora por vários motivos: fralda molhada, frio, calor, ou chora para escutar o próprio choro, pois essa melodia também é uma novidade para o bebê. Por outro lado, muitas vezes sem que o nosso bebê chore, acordamos para ver se ele dorme bem, se está respirando, se não está engasgado e coisas do gênero. São atitudes naturais dessa fase.

Passamos a ser mais cuidadosos com o dia a dia após o nascimento dos filhos. Ao atravessarmos uma rua, olhamos diversas vezes de um lado para o outro, com muito mais cuidado que antes, pois sabemos que em casa existe um ser que é totalmente dependente de nós.

Não pense que você está ficando louco quando notar que, ao dirigir um carro, a velocidade não lhe trará mais prazer, quando brinquedos ou jogos radicais não serão mais sua preferência, quando subitamente deixar de fazer coisas que possam trazer perigo. Não, isso não é loucura, mas cuidado. Não fique admirado quando for ao shopping e só olhar para vitrines com roupinhas de bebê ou brinquedos, encher com naturalidade muitas sacolas e perceber que só comprou coisinhas para o seu bebê. O gigantesco estoque de fraldas preparado antes do nascimento irá embora como água nas primeiras semanas do nascimento.

Nessa fase, o seu principal conselheiro será o pediatra. Aliás, ele deve ser procurado mesmo antes de o bebê nascer. De modo geral, a primeira consulta com o pediatra é feita de 7 a 10 dias após o nascimento, e é importante no sentido de orientações sobre alimentação, ganho de peso e cuidados gerais e específicos com cada recém-nascido.

Agora é por nossa conta. Estamos maravilhados e satisfeitos, pois sabemos que um pedaço de nós está nesse novo ser. É hora também de compreender que não importa só passar os genes físicos para o nosso bebê; mais importantes ainda são os "genes mentais", que serão passados ao longo do seu crescimento e desenvolvimento, através da educação. Essa é também uma tarefa árdua, mas que, realizada com responsabilidade e amor, sempre culmina com a felicidade de vermos nossos filhos alcançando os seus próprios objetivos no futuro.